PEDRO MARI GARCÍA FRANCO

Ilustraciones de NICO NARANJO

AF278102

MUSEO
intergaláctico
DEL
HUMOR
CHISTES
CÓSMICOS

1.ª edición: abril de 2026

© Del texto: Pedro Mari García Franco, 2026
© De las ilustraciones: Nico Naranjo, 2026
Representado por Tormenta
www.tormentalibros.com
© De esta edición: Grupo Anaya, S. A., Madrid, 2026
Valentín Beato, 21. 28037 Madrid
www.anayainfantilyjuvenil.es

ISBN: 978-84-143-5976-1
D. legal: M-28147-2025
Impreso en España - *Printed in Spain*

PAPEL DE FIBRA
CERTIFICADA

Bienvenidos al Museo Intergaláctico del Humor.
Unidos por la contagiosa fuerza de la risa,
alienígenas y terrícolas orbitan una galaxia de chistes
interplanetarios y te invitan a disfrutarlos a bordo
de la nave cómico cósmica del buen humor.
Aliens y trogloditas, magos y superhéroes se suman
a las tontainadas de Frankimalote y de otros tronchantes
monstruos de la carcajada. La mejor fauna humorística,
junto a las jaimitadas de los superterrícolas del chiste
y del despiporre, desatan un divertido big bang de risotadas,
una estrepitosa explosión de carcajadas que recorre
los confines del universo cómico cósmico
a la desternillante velocidad de la luz.
¿A qué esperas? ¡Hazte con tu entrada!
¡La diversión está asegurada!

Índice

1. CONSIGUE TU ENTRADA

¿Deseas visitar el desternillante Museo Intergaláctico del Humor cósmico? ¡Sí! ¿Tienes entrada? ¡No! ¿Quieres aprovechar esta promoción? ¡Sí! Pues deja de decir «SI» y «NO», y ¡hala!, supera estas, je, je, je, preguntiri-ji-jillas para conseguir una entrada honorífica.
¡Es gratis! Porque reír ¡no cuesta nada!

¿Por qué el director del Museo Intergaláctico del Humor usa tirantes azules?

Porque no quiere que se le caigan los pantalones.

¿Qué pasa en el Museo Intergaláctico de 11 a 12 de la noche?

Una hora (de carcajadas, por supuesto).

¿Cuál es el deporte preferido de los pasteleros trogloditas?

El boxeo, porque se reparten tortas.

Si una nave alienígena se estrellara justo en la frontera entre Portugal y España, ¿Dónde habría que enterrar a los extraterrestres supervivientes?

¡Ni se te ocurra enterrar a los supervivientes!

¿Cómo puede una superheroína resistir veinte días sin dormir en el interior del museo?

Durmiendo de noche.

Si dijeras que tienes tres cabezas, cuatro piernas con garras, dos alas membranosas, tres ojos ardientes y una lengua flamígera, ¿qué serías?

Un mentirosillo o una mentirosilla. (Nadie te iba a creer).

La madre de Manolito tiene cinco hijos: Lala, Lele, Lili y Lolo. ¿Sabes cómo se llama el quinto hijo?

Manolito, caramba, que no te enteras.

Conduces el autobús del museo con cuarenta viajeros. En la primera parada bajan dos personas y suben tres. En la segunda parada bajan cuatro y suben cinco. En la tercera, sube una y bajan siete. El autobús llega al museo a las cinco de la tarde. ¿Cómo se llama el conductor y cuántos años tiene?

¡En qué estarías pensando! ¡Te he dicho que conduces tú!

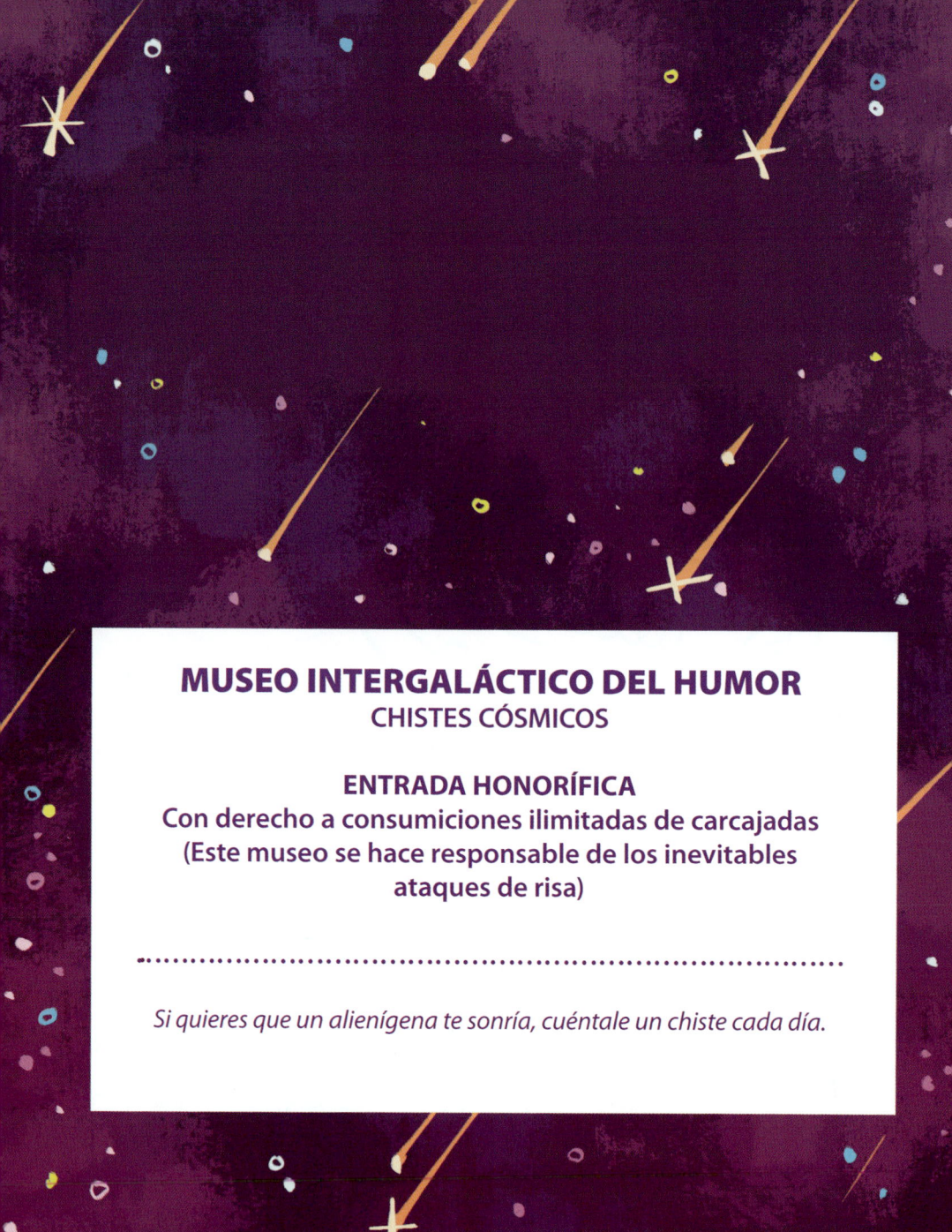

MUSEO INTERGALÁCTICO DEL HUMOR
CHISTES CÓSMICOS

ENTRADA HONORÍFICA
Con derecho a consumiciones ilimitadas de carcajadas
(Este museo se hace responsable de los inevitables
ataques de risa)

Si quieres que un alienígena te sonría, cuéntale un chiste cada día.

2. ¡A LA COLA!

Ya estás en la cola. En ella se encuentran algunos de nuestros protagonistas estelares. Dales una palmadita en el hombro, chócales los cinco, pídeles un autógrafo, sácate un selfi con ellos… y aprovecha la espera en esta divertida cola cómica para conocerlos de cerca.

Cien alienígenas descienden de su platillo volante, se dirigen hacia el Museo Intergaláctico para visitarlo y se ponen a la cola.

—¡Señor director! —grita el conserje—. Hay tropecientos alienígenas haciendo cola.

—¿Son amigos o enemigos?

—Creo que son amigos porque han llegado todos juntos.

—¡Pues que pasen gratis!

En la fila hay una pareja de trogloditas que está tramando algo y habla por lo bajini:

—Oye, Amazonita, ¿cómo podemos entrar en el museo sin pagar?

—Podemos hacer lo que hago yo cuando voy al teatro.

—¿Y qué es lo que haces?

—¡Entro de espaldas y se creen que salgo!

Spiderman está indignado y le pregunta al taquillero:

—¿Por qué Cristóbal ha entrado en el museo el primero, y encima sin pagar?

—¡Porque Cristóbal es un colón!

—¡Jolines con Cristóbal Colón!

La bruja doña Escóbula se acerca a la taquilla del Museo del Humor para conseguir la entrada.

—¡Doña Escóbula! —le dice la taquillera—. ¡Ya es la cuarta vez que me pide una entrada!

—¡Es que hay un fresco en la puerta que me la rompe cada vez que se la enseño!

Haciendo cola para entrar en el museo vemos un trol gigantesco, enorme, descomunal. Detrás de él hay una diminuta duendecilla del tamaño de una pulga. El trol mira hacia atrás y le dice a la duendecilla:
—¡Oiga, oiga! ¡Tenga más cuidado y no me empuje!
—¡Ay, perdón! —replica la duendecilla—. ¡Es que no le había visto!

Y aquí está Frankenstein dispuesto a visitar nuestro Museo Intergaláctico del Humor. En el vestíbulo, se detiene frente a una imagen colgada en la pared.
—¡Menudo adefesio! —exclama indignado—. ¿A esto tan horroroso lo llaman arte humorístico?
Y el vigilante le responde:
—¡No señor, a eso lo llamamos espejo!

También el conde y la condesa Drácula nos honran con su visita. Algo ha llamado la atención del conde:

—Vampiresa —dice a la condesa—, ¡admira esa maravillosa estatuilla cómico artística que hay en la pared!

—¡Venga ya, vampi!, ¡que eso es un extintor!

Los últimos de la fila son dos gorilas disfrazados que están conversando:

—El Museo del Humor es un verdadero laberinto de galerías cómicas. Maguncio, ¿tú has entrado ya en este laberinto?

—No, Zumbaíto.

—¡Jo, jo, jo! ¡Pues no sabes lo que te pierdes!

Jaimito está deseando visitar el museo y le pide dinero a su madre:

—Mamá, ¿me das cinco euros?

—¿Cuatro euros? ¿Para qué quieres tres euros si con dos te vale? ¡Anda! Toma uno y saca entradas para ti y para Jaimita.

3. ¡COMIENZA LA RISITA!

¡Comienza la visita! ¡Comienza la risita! Recorre las ocho desternillantes salas del Museo Intergaláctico del Humor. Un laberinto de chistes cósmicos para troncharse de risa. Un lugar para descuajeringarse. ¿Quién no se descuajeringará? El descuajeringador que no se descuajeringue, mal descuajeringador será. ¡Qué no te pase nada! ¡Suelta ya tu primera carcaja-ja-jada!

ALIENÍ-GE-GE-NAS

Cruk el marcianete es el guía que te acompañará
por esta sala espacial. Los aliení-gege-nas han llegado
a nuestro planeta cargados del mejor humor intergaláctico:
constelaciones de carcajadas, risas guachiplanetarias
y una increíble lluvia de chachimeteoritos cósmicos.
Sube a bordo del ovni turístico y date un alucinante
garbeo a la velocidad de la luz por el desternillante
universo del humor.

Dos marcianos han aterrizado
y se disponen a revisar su nave
espacial:
—Gruk, baja del ovnis, porfa,
y dime si funcionan las
fotointermitentes.
—Ahora sí, ahora no, ahora sí,
ahora no…

—Este es un mundo al revés
—dice un alien a otro—:
la Tierra es redonda y los
terrícolas la llaman planeta.
—Sí, Star; seguro que si fuera
plana la llamarían redondeta.

—Oye, Flopi, ¿cuál es para ti
el planeta más mono?
—¿El más mono? ¡Buah! Para mí,
con mucho, el planeta de
los simios.

Dos extraterrestres ponen en duda la existencia terráquea:
—Oye, ¿tú crees en la Tierra?
—No, porque es una bola muy grande.

Una alienígena que viaja por la tierra montada en su mininave se salta un semáforo y un guardia la detiene.
—¿No ha visto que el semáforo estaba en rojo?
—Perdone, es que soy daltónica.
—¿Daltónica? ¿Daltónica? ¿Es que en Daltonia no tienen semáforos o qué?

—Caramba, Ñurk, ¡te has comprado un nuevo platillo volador! El otro era blanco y este es rojo.
—¡Qué va! Es el mismo. Pero es que ya está viejillo y se me calienta un poco.

Una alienígena le dice a otra:
—A mí me gusta pilotar
la mininave sin GPS.
—¡Jo! ¡Pues no sabes lo que
te pierdes!

—¡Toc, toc! —Llaman a la puerta.
—¿Quién es?
—¡Somos dos extraterrestres
que venimos de Marte!
—¿De marte de quién?

Llega una joven a una ciudad
supermoderna y una amiga
le dice:
—Lucy, ten mucho cuidado
porque aquí los coches parecen
ovnis: van tan rápido que vuelan.
Lucy coge un taxi y dice:
—Lléveme a la calle Mayor.
—¿A qué altura? —le pregunta
el taxista.
—¿Altura? ¡Ni se le ocurra
elevarse medio metro del suelo!

Un astronauta le dice a otro:
—Parece que estamos en Marte.
—¿Por el silencio, por el color,
por la bruma?
—No, porque ayer fue «lune».

Un marciano circula por las calles de una conocida ciudad terráquea
cuando un policía lo detiene:
—¡Le voy a multar por saltarse el semáforo en rojo! Dígame su nombre.
—Vexorzyrchonoryndraxzynthorgon.
—Ejem, bueno, en fin… rojo rojo no estaba… Siga, siga.

—Mamá, mamá, de mayor voy
a ser astronauta…
—¡Bien pensado, hija, porque
tu profe dice que siempre estás en la Luna!

Una turista venusiana contempla las cataratas del Niágara. Se le acerca una terrícola y le dice:
—¿A que en Venus no tenéis unas cataratas tan espectaculares como estas?
—No —replica la extraterrestre—; pero tenemos un fontanero que os arreglaría este escape de agua en quince minutos.

—Oye, Manoli, ¿tú crees en los extraterrestres?
—Yo no. ¿Y tú?
—Yo tampoco, porque son todos unos mentirosos…

En un ovni turístico, la azafata se acerca a un personaje que está protestando.
—¡Estoy harto de este platillo volante! ¡Siempre me toca el mismo asiento, no puedo ver la película ni dormir porque la ventanilla no tiene persiana!
—Por favor, comandante —le dice la azafata—, deje de refunfuñar y aterrice de una vez, que es usted el piloto y ya hemos entrado en la atmósfera terrestre.

Una alienígena y un alienígena entablan una comunicación intergaláctica:
—Ya está bien, Alieno, llevo una semana esperándote en este solitario planeta rojo.
—¡Que no te enteras, Alienita! ¡Te dije que quedábamos el martes, no en Marte!

Dos marcianos en la parada interplanetaria del ovni-bus.
—¡Acabo de perder el ovni-bus de línea!
—No te preocupes; pasa otro dentro de una hora.
—¡Ya, pero es que yo soy el piloto!

—¡Papá! —dice el marcianito Flipi—. ¡Están empezando a caer meteoritos!
—¡Rápido, hijo! ¡Vamos a recoger la ropa que tengo tendida!

Me he comprado un ovni utilitario que conduce solo.
—¡Enséñamelo! ¿Dónde está?
—¡Y yo qué sé! ¡Vete a saber dónde se ha ido!

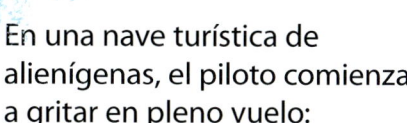

En una nave turística de alienígenas, el piloto comienza a gritar en pleno vuelo:
—¡Nos hemos quedado sin combustible, nos hemos quedado sin combustible!
—¿Y qué hacemos? —pregunta la azafata.
—¡Venga, todo el mundo a empujar! —replica el piloto—. ¡Todo el mundo a empujar!

—Este año no pienso presentarme a Míster Universo —dice un marciano.
—Ni yo a Miss Universo —replica una venusiana.
—¡Esos concursos están amañados! ¡Siempre los ganan los terrícolas!

—Están entre nosotros, hijo. Aparecen cuando menos te lo esperas y atacan emitiendo un temible zumbido…
—¿Quiénes, papi? ¿Los extraterrestres? ¡Qué miedo!
—No, hijo, no; los mosquitos.

—¡Mamá! ¡Mamá! Los terrícolas no saben decir mi nombre…
—¡No te preocupes, Krelostankrugptampsitsiegklito! ¡Son unos ignorantes!

—¡Vámonos de aquí, Maruja, que aquel campo está lleno de ovnis!
—¿De ovnis?
—Sí, de Objetos Verdes No Identificados.
—¡Anda ya, Manolo! ¡Que es una plantación de sandías!

—¿Sabes qué ha sido de Ramona?
—Está en el cielo.
—¿Ha fallecido?
—No, no, está perfectamente.
¡Es que es astronauta!

—Jo, Marciano, pareces un helicóptero terrestre.
—Quete-quete-quete-quete-calles, Alienita, quete-quete-quete-calles.

Una familia de veraneantes
alienígenas se dirige hacia la Tierra y el padre instruye a su hijo para
que conozca el planeta:
—Papá, papá, ¿cuáles son los cinco continentes de la Tierra?
—Hijo, los cuatro continentes terráqueos son tres: Europa y África.

Venusina, la jefa de misiones espaciales, dice a su equipo:
—Mañana enviaremos una nave al sol.
—¡Pero, jefa, se va a derretir!
—¡No seáis ignorantes!
La enviaremos de noche.

En una incursión secreta a la Tierra, el extraterrestre K.E.T. se cae del ovni y va a parar a la copa de un árbol. Llega la policía para atender al herido y le preguntan:
—¿Qué ha pasado? ¿Qué ha pasado?
—¡No tengo ni idea! —exclama el alienígena—. ¡Yo acabo de llegar!

Un extraterrestrito le dice a su mami alienígena:
—Mami, mami, ¿a las estrellitas les pica el culete?
—¡No digas tonterías, hijo!
—Entonces, ¿para qué quieren rascacielos los terrícolas?

—Mami, mami, ¿puedo ir a ver el eclipse de sol?
—Sí, hija, pero no te acerques mucho.

—Mira, hija, la luna está llena.
—¡Hala! ¿Llena de qué, mamá? ¿Llena de qué?

—¡Hola, le llamo porque voy a llevarle la luna!
—Oh… qué cosas más bonitas me dice… ¿No será usted astronauta?
—No, no, soy Mariano el cristalero.

—Buenas. Soy el de las antenas.
—¡Socorro! ¡Un extraterrestre con antenas!
—No se asuste, señora, que soy el técnico de la televisión.

Un guardia de tráfico detiene a un conductor extraterrestre y le pide la documentación:

—Tiene el carnet caducado.

—No se preocupe, aunque me vea con esta cara no me lo voy a comer.

—Azafata —dice un viajero a bordo de un ovni—, ¿me pone un zumo de naranja?

—Disculpe, don alien, pero vamos a tomar tierra.

—Mire, los demás pasajeros que tomen lo que quieran, pero a mí póngame un zumito.

Al amanecer, la astronauta le dice a su marido:

—Marcelo, prepárame la cápsula, porfa.

—¿Otra vez te vas de viaje interplanetario?

—No, hombre, no. Digo que me prepares la cápsula de café para el desayuno.

—¡Cómo me gustaría vivir en un planeta vacío y tranquilo como Saturno!
—¡A mí también!
—¡Y a mí!
—¡Vaya, hombre! ¡Ya empezamos a llenarlo!

—¡Paco, los extraterrestres han entrado en casa! ¿Ahora qué hacemos?
—¿Son muchos?
—Bastantes.
—¡Pues hacemos una buena paella, que eso le gusta a todo el mundo!

—¡Alarma! ¡Se acerca una flotilla de ovnis!
—¡Rápido coged todas las cucharas, tenedores y cuchillos que tengáis a mano!
—¿Para qué, mi comandante?
—Para ponernos a cubierto, hombre. ¿Para qué va a ser?

Estaban unos niños alienígenas jugando en la tierra con cubos y palas, y su padre les dice:
—Niños, no juguéis en la tierra. Y los niños se fueron a jugar a Marte.

—¡Qué ovni utilitario más chuli te has comprado!

—¡Es de última generación! Lleva un interconector estratosférico asimétrico con espectómetro ionicocósmico de alta frecuencia. Además, trae claxon gratis de fábrica.

—¡Qué random, tío! ¡Claxon! ¿Qué narices es un claxon?

Llega una familia de extraterrestres a la Tierra y aterrizan en una pradera. Al ver al dueño del prado le preguntan:

—Disculpe, ¿podemos sentarnos en la hierba para comer?

—Sin problema, lo único que les pido es que no se la coman toda y dejen un poco de pasto para las vacas.

—Las compañías de aviación están perdiendo pasajeros.

—¿Por la subida de los precios?

—¡No, hombre, no! ¡Pierden pasajeros porque vuelan con las puertas de los aviones mal cerradas!

Un ovni aterriza en el Polo Norte. Sale fuera de la nave un alienígena y dice al piloto:

—Oye, Glup, ¿los terrícolas dicen «fuera» o «fuese»?

—Lo dicen de las dos maneras. ¿Por qué?

—¡Pues porque aquí fuese hace un frío que pela!

Al caer la noche, dos alienígenas salen a explorar la ciudad desierta.

—¡A ver si tenemos suerte y encontramos algún tío vivo! —dice uno de ellos.

—¡Ojalá, bro! —responde su colega—. ¡Aunque con estas pintas no creo que nos dejen montar!

—Atención, atención, se acerca a la Tierra una escuadrilla de ovnis.

—¿Cuántos son?

—¡Doscientos dos!

—¿Cómo sabe que son doscientos dos?

—¡Porque delante vienen dos y detrás le siguen unos doscientos!

Llega un extraterrestre a una óptica y dice:

—Quisiera unas gafas con vallas.

—¿Gafas con vallas?

—Sí, es que, como ve, tengo los ojos saltones.

Una nave procedente de Venus aterriza en plena estepa rusa y aparece un campesino.

—Tenemos hambre y no tenemos ni idea de ruso —dice un venusiano—. ¿Cómo le pediremos comida?

—¡Eso está hecho! —dice el listillo de la tripulación—. Amigoski, tenemoski hambroski. Queremoski salchichoski con patatoski fritoski.

—Trankiloski —responde el campesino—, enseguidoski llenaroski la triposki.

Al rato, se presenta el campesino con una fuente de salchichas y patatas fritas.

—¡Jo! ¡No sabía que el ruso fuera tan fácil! —exclama con asombro uno de los venusianos.

—Teneiski suertoski de que yo hablar tu lenguoski —dice el campesino—. Si no, no jamareiski ni una roski.

Carcaja-ja-jadas espaciales a la velocidad de la luz

¿Por qué los alienígenas sonríen cuando hay relámpagos?
Porque se piensan que los están fotografiando.

¿Qué es lo mejor de la profesión de piloto?
Que se te pasa el tiempo volando.

¿Cuál es el colmo de un astronauta?
¡Quedarse sin espacio!

¿Cuál es el planeta más presumido?
Saturno, porque tiene muchos anillos.

¿Dónde toman el postre los extraterrestres?
En un platillo volante.

¿Por qué multaron al alienígena?
Por conducir el ovni a la velocidad de la luz.

¿Cuál es el colmo de un ladrón extraterrestre?
Robarle los anillos a Saturno.

¿Dónde desayunan los alienígenas?
En la Vía Láctea.

¿Cuál es el colmo de un astronauta?
Enfermar de gravedad.

¿En qué se parecen un telescopio y un boxeador?
En que los dos te hacen ver las estrellas.

¿En qué se parece un ovni a un huevo?
En que los dos se estrellan.

¿Cuál es la diferencia entre un optimista y un pesimista?
Un optimista inventó el avión; un pesimista inventó el paracaídas.

¿Qué planeta va después de Marte?
«Miércole».

¿Qué harías si estás en tu casa y, de pronto, aparece un alienígena?
Albóndigas, que le gustan a todo el mundo.

¿Qué es lo que más les gusta a los extraterrestres de un ordenador?
La barra espaciadora.

¿Cuál es el colmo de un astronauta?
Estar cerca de las estrellas y no poder pedirles autógrafos.

¿Cuál es el avión que rebota?
El ¡Boeing, Boeing, Boeing, Boeing…!".

¿Para qué se ha comprado una avioneta el caco Macaco?
Para planear un atraco.

Era un alien que pilotaba tan mal, tan mal, que cada vez que montaba en su nave el GPS le decía: «¡Para inmediatamente, que yo me bajo aquí mismo!».

Era un ovni tan rápido, tan rápido que llegaba a su destino cinco minutos antes de salir.

Era un alienígena tan pequeño, tan pequeño que se subió a una canica y gritó: «¡La Tierra es míaaaaa!».

Era un caco tan tonto, tan tonto que robó a los pasajeros de un avión en pleno vuelo y escapó corriendo.

¿Por qué los alienígenas no se acercan a las estrellas?
Porque tienen miedo de estrellarse.

¿Qué ocurriría si el planeta Tierra fuese un cubo en vez de una pelota?
Que todos sus habitantes serían cubanos.

¿Cómo quedan los astronautas después de un accidente espacial?
Heridos, pero sin gravedad.

¿Por qué los venusianos hacen redondas las ventanas de casa?
Para que pueda entrar el sol.

¿Cómo identificas a un marciano en el interior de un submarino?
Es el único que lleva el paracaídas puesto.

¿Cuál es el mejor momento para ver los platillos voladores?
Cuando un camarero va a servir una mesa y se tropieza.

¿Por qué en Venus ponen los semáforos a trescientos metros de altura?
Para que los ovnis no se los salten.

37

¿Cuál es el astro más cercano a nosotros?
El astropajo.

¿Por qué los terrícolas compran tantísimo té?
Porque en los informativos han dicho: «¡Llegan los alienígenas, prepára-te!».

¿Quiénes están mejor preparados: los marineros o los astronautas?
Los marineros, porque la mayoría de ellos sabe nadar, pero ningún astronauta sabe volar.

¿Por qué los astronautas no pudieron alunizar?
Porque la luna estaba llena.

¿Cuál es el colmo de un piloto?
Que le manden a tomar viento.

¿A dónde va el alien más terrorífico y malvado?
Alien-fierno.

¿Cuál es el colmo de la noche?
Estrellarse contra una nave espacial.

SALA 1: ¿MOLA O NO MOLA? Y, SI MOLA, ¿CUÁNTO MOLA?

PSSST   ¡BRRR...!   CRLP4H5V   ¡FIUUUU...!   ¡BOEINGGG!

CAVERNÍCO-COLAS

Marmolina, la cavernícola llegada de la le-ja-ja-jana prehistoria, es la animadora del pabellón troglodítico.
¿Quién dijo que la prehistoria era aburrida? Carcajadas a golpe de cachiporra, fieras con mal humor, trogloditas y trogloditos feos, brutos e ingeniosos, con un envidiable sentido del humor. Un mundo rupestre en el que el eco de tus risotadas resonará tronchante en la chisteriosa oscuridad de las cavernas.

Cavernicolín le dice
a Cavernicolina:
—Mi padre es el mejor roquero
del clan.
—¿Canta bien?
—No, parte las rocas como nadie.

—¿A qué te dedicas, Rompekoko?
—Soy inventor.
—¿Y qué es lo que has inventado?
—Pues la rueda, el fuego,
los gayumbos, las empanadillas…
—¡Pero si todo eso está aún
sin inventar!
—¿Ves cómo me lo invento todo?

¡Va Kong el cavernícola con
una supercachiporra enorme
y un colega le pregunta:
—¿A dónde vas con ese garrote?
—Nada, que me han dicho que
es bueno para la vista.
—¿Y eso?
—Porque te das con ella en
la cabezota y ves las estrellas.

Llega a un poblado prehistórico un titiritero con un oso de las cavernas. La gente se reúne alrededor. El oso abre su enorme bocaza y el domador mete su cabeza dentro. Luego dice al público:

—¿Quién se atreve a hacer esto?

Un atrevido se pone en pie y dice:

—¡Yo mismo! Pero no sé si voy a ser capaz de abrir la boca tanto como el oso.

—Jujuk, ¿a dónde vas vestido de espadachín?

—¡A cazar tigres dientes de sable!

—Glup, ¿se puede saber por qué golpeas dos piedras sin parar?

—Estoy inventando el fuego.

—¿Y no lo consigues?

—Lo conseguí hace una hora, pero llegó mi hijo pequeño y dijo: «¡Papá, pipí!». Y me lo apagó.

Pintamurillos, el pintor de muros cavernícolas, entra con su paleta en el interior de la cueva y dice a su mujer:

—Voy a pintar las paredes con tu nombre, mi amor.

—¡Ogggg, Pintamurillo! ¡Qué cosas más bonitas me dices!

—Mamá, esto de ir a la escuela es muy pesado.

—Hijo, tienes que estudiar para ser un troglodita de provecho.

—Sí, mami, pero es que los libros son de piedra y este año tengo quince asignaturas.

Magontus, el hechicero del clan, dice a una joven troglodita:

—Ya sabes que con este talismán serás invisible a los mamuts.

—Yo sí lo sé, pero ¿y si los mamuts no lo saben?

Entra una cavernícola en una cueva y grita:
—¡Hola!
Y el eco contesta: ¡Hola… holaaa… holaaaa…!
La cavernícola vuelve a gritar:
—¿Hay alguien ahí?
Y el eco le contesta: ¿Ahííí… ahííííí… ahíííííí…?
—¿Quién eres?
—¿Ereeess… ereeees… ereeeees…?
—¡Soy Glupftuyerikhughugotooooga!
Y el eco le responde:
—¿Quién has dicho que eeereeeeeees…?

—Papi, ¿puedo salir de la cueva
para ir a ver el eclipse de sol?
—Sí, hija, pero no te acerques
mucho.

—¡Uuuuh…! ¡Soy el espíritu de
la caverna! ¡Te concedo tres deseos!
—Quiero tres diplodocus.
—¡Concedido! Te quedan dos.
—¡Oh, no! ¡Me has matado
un diplodocus!

Un joven troglodita le pregunta a otro:

—¡Eh, bro! ¿Ya no sales con la hija de Kork el gran cazador?

—No, porque come amigos.

—¿Que come amigos?

—Sí, ayer me dijo: te quiero, pero como amigos.

—Papá, papá… ¿por qué los prehistóricos somos tan feos?

—¡Hija, que soy mamá!

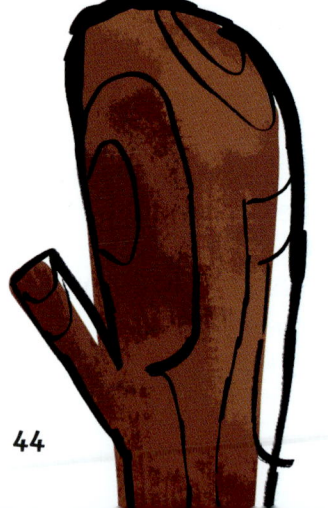

—Yo soy una persona dialogante —dice Mamelote, el cachas del clan.

—¿Y ese garrote?

—Nada, es por si os ponéis pesados.

La maestra troglodita le pregunta al alumno:
—¿En cuántas partes se divide el cerebro?
—Según el cachiporrazo, seño.

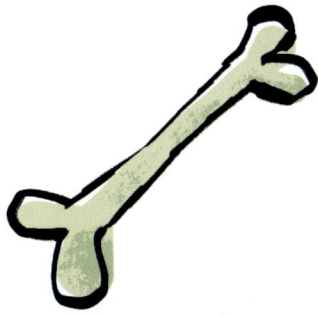

—He estado todo el día rallado, dándole vueltas y vueltas a la cabeza y al final he dado con un invento redondo.
—¿Y qué invento es ese?
—¡La rueda!

El jefe del clan impartiendo justicia a un acusado:
—¿Qué prefieres: un susto o la muerte?
—Un susto.
—¡Uhhhhhh…!
—¡Ay, ay, ay, ay, ayyyy…!
¡Qué susto!
—¡Te fastidias! ¡Haber preferido la muerte!

Sin mediar palabra, Brutus le arrea a Astrágalus un enorme cachiporrazo en el coco.
—¿Qué te pasa, tío? —protesta Astrágalus—. ¿Es en serio o estás de broma?
—¡Es en serio! —responde Brutus—. ¡Muy en serio!
—¡Ah, bueno…! ¡Menos mal! Porque a mí no me gustan ese tipo de bromitas.

—¿Qué te ocurre, Spuki? Te veo siempre en estado de alerta.

—Es que hace un par de años que lancé un bumerán y todavía no ha vuelto.

—¡Ya! ¡Cuando menos te lo esperes!

—Bisonto, ¿quieres un muslito de velocirraptor?

—No, prefiero cinco kilitos de caracoles. Es que no me gusta la comida rápida.

—Ey, ¿mola que juguemos con el rompecabezas?

—No, Kurk, porque eres muy aburrido. ¡Te rindes al primer cachiporrazo!

Soy el mejor pintor de mi clan —dice Pinkypunk.

—A ver, hazme una demostración.

Se introducen en la cueva y Pinkipunk empieza a pintar en la pared, diciendo:

—Con un tres y un cuatro, dibujo la cara de tu retrato…

—¡Huy, lo flipo! ¡Qué genio! ¡Además de pintor, eres matemático!

Durante la noche hubo un gran terremoto en la región.
Al amanecer, Ghu pregunta a su hija:

—Mi pequeña Canchita, ¿te asustó mucho el terremoto?

—¡Mucho, papi, pero la tierra temblaba más que yo!

—Esto es un prehistórico que va corriendo y corriendo, hasta que, ¡splash!, se cae a un río. ¿Lo has cogido?

—No.

—Pues cógelo, porque no sabe nadar, y si no lo sacas, se va a ahogar.

—A mí no me gusta la violencia —dice Brutough—. Yo resuelvo los conflictos hablando.

—Sí, sí, colega, ¿y el garrotazo que me diste antes?

—Es que no me dejabas hablar…

En la prehistoescuela:

—A ver, Glupy, descríbete en siete palabras.

—Yo soy una niña fuerte, bruta y lista.

—Eso son ocho palabras.

—Entonces puedes quitar «lista», profe.

El hijo de Trogloditus dice a
su padre:
—Me voy de caza, papuchi.
—¿Sin cachiporra?
—Zí, papi, ez que me voy de caza
pa ziempre.

—Por mi cumple me han
regalado un rompecabezas.
—¿Un puzle?
—No, no, una cachiporra
homologada de roble.

—Quiero un bocata de
brontosaurio.
—¡Anda ya! ¡Cómo voy a
empezar un brontosaurio
solo para ti!

—Te vendo un mamut.
—¿Y para qué quiero yo
un mamut vendado?

—¿Qué te pongo para cenar, hijo?
—Dos huevos fritos
de dinosaurio, mami.
—¿Con patatas fritas?
—Sin patatas, hoy tengo
poca hambre.

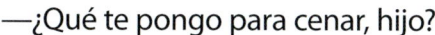

—Oye, Tronkichu, ¿por qué llevas esa rama de roble?
—Muy sencillo: si aparece un tigre dientes de sable, me escondo detrás de la rama para que no me vea.
—Y tú, Rockichu, ¿por qué llevas ese enorme cesto lleno de rocas?
—Porque si aparece el tigre, suelto las piedras y así corro más.

Marmolita le dice a su novio:
—Tu belleza es de otro mundo, Grug.
—¡Oh, qué cositas me dices, Marmolita! ¿Es verdad que mi belleza te parece de otro planeta?
—¡Sí, mi Grug, del planeta de los simios! ¡Del planeta de los simios!

Los Roca Juniors compiten contra los Altamiros. El árbitro coloca el esférico en medio del pedregal deportivo y toca el cuerno que da comienzo al partido. Un lesionado, otro lesionado, otro lesionado… así hasta veintidós lesionados y la pelota sigue inmóvil en el centro del campo. Fin del partido.

—Mucho lesionado —dice un espectador.

—Sí, ese balón no bota. Da poco juego.

—Ni se mueve: sesenta kilitos de peso.

—¡Puro mármol de Carrara, tío!

—Te parecerá mentira que un troglodita como yo sea vegetariano. Pero es la pura verdad.

—Pero, Tragaldabus, si estás zampándote un muslo de mamut.

—¡Ya, ya, pero es un mamut de bellota!

Un cavernícola aficionado a las carreras de bisontes cuenta lo que le pasó en el bisontódromo:

—Yo estaba entre los espectadores cuando un jinete despistado se me sube a los hombros y comienza a darme zurriagazos, diciendo: «¡Arre, bisonte!».

—¡No me digas! ¿Y tú qué hiciste?

—Pues hice lo que pude: ¡eché a correr y llegué a la meta el segundo!

Va un troglodita a la gruta de la hechicera y le dice:

—Juhjah, dame algo para el dolor de cabeza.

—Te puedo dar un par de garrotazos.

—¡No, no! ¡Es para quitarlo, es para quitarlo!

Un cavernícola dice a otro:

—¡Qué frío! ¡Qué frío!

—¿Frío? ¡Pero si hace un calor insoportable!

—¡Ya, pero es que no sé qué freír para la cena!

Una troglodita le dice a su amiga:
—Mi hijo Ñam-ñam no para de engordar con los dictados de la escuela rupestre.
—¿Cómo es posible?
—Pues porque cada vez que la profe dice «coma», se zampa un pinchito de bisonte.

—Marmolina, ¿qué tal me queda la barba?
—Fantástica, Brutus. A ti te queda de maravilla cualquier cosa que te tape la cara.

En el rocacole, la profesauria pregunta a una alumna:
—Marmolita, ¿por qué no has traído la tarea?
—Porque se la ha comido mi osito.
—¡Pues podías haber hecho una copia!
—La hice, pero también se la ha comido mi osito.
—Marmolita, tengo que hablar con tus padres.
—Imposible, seño. ¡Mi osito también se los ha comido!

Un cromañón, presume ante sus amigos:

—Peña, por mi pelazo y por mi rostro duro y curtido, ¿no parezco el más atractivo del clan?

—Por las uñas de tus manos y tus pies, lo que pareces es un velociraptor, bro.

Glup y Kork caminan por el borde de un acantilado. De pronto, Glup da un traspié y cae por un precipicio. Kork se asoma al barranco y grita: ¡Gluuuuup…! ¿Te has hecho daaañooooooo…? ¡Todavía noooooooooooooooooo…!

Al anochecer, el clan cavernario está de tertulia en torno a la hoguera. El jefe del clan le dice a una niña:

—Glodita, ¿sabes contar chistes?

—¡Claro que sí!

—¡Pues, hala, cuéntanos algunos!

—¡Vale! Un chiste, dos chistes, tres chistes, cuatro chistes…

Ha muerto un miembro del clan.
—¡Descanse en pez! —dice
el chamán.
—¡Descanse en paz! —lo corrige
el jefe del clan.
—No, no, ¡descanse en pez!
Porque se lo ha tragado
un tiburón.

Va Grough la troglodita
arrastrando una roca atada
a una cuerda y la gente del clan,
al verla pasar, le dice con ironía:
—¡Qué! ¿Paseando al perrito?
—¿Sois tontos? ¿No veis que
es un pedrusco?
Grouhg sigue caminando y,
al perderlos de vista, le dice
a la piedra:
—¡Bien hecho, Canito!
¡Los hemos engañado!
¡Ya te dije que, si no ladrabas,
se iban a pensar que eras
una piedra!

Grafitis cavernarios cómico-rupestres

¿Cuál es el colmo de un dinosaurio?
Tener complejo de inferioridad.

¿Cómo se llama el dinosaurio al que se le va la pinza?
El diplo-locus.

¿Cuál es el dinosaurio más rapero?
El veloci-rap-tor.

¿Cuándo sabes que hay un diplodocus debajo de tu cama?
Cuando tu nariz está tocando el techo.

¿Cómo puedes saber si hay un diplodocus en tu frigorífico?
Porque la puerta no cierra.

¿Qué debes hacer si encuentras un tiranosaurio en tu cama?
Buscar otro sitio para dormir.

¿Cuál es el dinosaurio que tiene peor carácter
El broncosaurio.

¿Qué es tan grande como un tiranosaurio y no pesa nada?
Su sombra.

¿Cómo se llama al dinosaurio que lleva unas zanahorias en las orejas?
Puedes llamarlo como quieras porque no te va a oír.

¿Cuál es el colmo de un troglodita?
Que se le pinche la rueda de piedra de su rocomóvil.

Se abre el telón y se ve a un cerdo disfrazado de tiranosaurio.
¿Cómo se titula la película?
Puerco Jurásico.

¿Cómo metes a cien trogloditas en una canoa?
Diciéndoles que no caben.

¿Qué es un cavernícola montado en un mamut?
Un mamut de dos pisos.

¿Qué debes hacer si ves un tiranosaurio rex?
Rezar para que no te vea él a ti.

Tiene una cola larga, una garra retráctil en forma de hoz y tres ruedas. ¿Qué es?
Un velociraptor en patinete.

¿Por qué en la prehistoria nadie cruzaba el mar Rojo?
Porque esperaban a que se pusiera verde.

¿De qué murió el troglodita que inventó la cama de piedra?
De un almohadazo.

Era una señora tan viejita, tan viejita que, cuando era niña, en vez de montar en los caballitos, montaba en los dinosaurios.

Era un troglodita tan bajito, tan bajito que las uñas de los pies le servían de visera.

Era un prehistórico tan bruto, tan bruto que fue a un concurso de brutos y perdió el concurso por bruto.

Era un colegio tan antiguo, tan antiguo que en vez de tener profesores, tenía profesaurios.

¿En qué se parecen una caverna y una piedra?
En que en la cueva hay humedad, y la piedra…, u me da, u no me da.

¿Por qué los dinosaurios no usan ordenadores?
Porque se extinguieron antes de inventarse.

¿Qué es una troglodita que tiene una granja de dinosaurios?
Una empresauria.

¿Qué recibe el alumnado cavernícola al terminar sus estudios?
Un diplomadocus.

Era un cavernícola tan feo, tan feo, que se perdió en el bosque y por la noche los osos hicieron hogueras para que no se les acercara.

¿Cómo se llama el dentista de los hombres de neandertal?
Nean-dental.

Era un neandertal tan bruto, tan bruto que planchaba la ropa a garrotazos.

¿Qué es lo primero que hacían los mamuts al salir el sol?
Sombra.

¿Cuál es el deporte preferido de los pasteleros trogloditas?
El boxeo, porque se reparten tortas.

¿Cómo llamarías a un prehistórico que no te oye?
Le debes llamar muy fuerte para que te oiga.

¿Qué le dijo el volcán a la montaña?
Disculpe, ¿le molesta el humo?

Era una troglodita tan mona, tan mona que solo comía cacahuetes.

¿Por qué a los huevos de dinosaurio no les gusta pelearse?
Porque no quieren cascarse.

SALA 2: ¿MOLA O NO MOLA? Y, SI MOLA, ¿CUÁNTO MOLA?

¡GLUP!   ¡GRAUG!   ¡CRUNCH!   ¡UGH-UGH!   ¡UNGA-UNGA!

SUPERMANETES

Superflan, el superhéroe de pacotilla más goloso del mundo del cómic será tu guía en esta despiporrante sala cósmica. Superhéroes y superheroínas que tienen superpoderes poco conocidos: la chistonita, la risión nocturna, la telepatía humorística, el rebote sonrisoide, la caca-carca-cajada supercontagiosa… Descúbrelos. Trepa, vuela, viaja con ellos a más de mil sonrisas por hora y…
¡Que no te pase nada!

Un barco se está hundiendo
y llaman a Superman.
—¡Supermán, hay un agujero
en el barco! ¡Hay un agujero
en el barco!
—¡Rápido! —replica
el superhéroe—. ¡Llamen
inmediatamente al pirata
patapalo!
—¿Para qué?
—¡Para qué va a ser! ¡Pa tapalo,
pa tapalo!

—¡Superman, Superman!
—Telefonea Batman—. ¡Rápido,
necesito tu ayuda!
En un abrir y cerrar de ojos,
Superman se presenta en
su ayuda.
—¿Qué ocurre, colega?
—Pues mira, que al montarme
en mi batmóvil he visto que me
han robado el volante, los pedales
y todo el cuadro de mandos.
—¡Venga ya, Batman, que te
has sentado en el asiento de atrás!

Se sientan Superman y Superwoman en una cafetería y dice Superwoman:
—Yo té quiero, ¿y tú?
—¡Yo te quiero también!
—responde Superman.
—¡A ver, camarero! —grita Superwoman—. ¡Queremos dos tés!

Iban Batman y Batwoman en su batmóvil y dice el superhéroe:
—¡Jo! ¡Qué monótono es esto! Una y otra vez el mismo paisaje, los mismos árboles, las mismas casas…
—Por favor, Batman —replica Batwoman—. Sal de una vez de la rotonda que llevamos ya treinta vueltas.

Un mosquito que se creía
el hombre de acero volaba
chuleándose por la habitación
de Supergirl:

—Tssssssss… Soy Supermaaan…
tsssss… Soy Supermaaaan…
tssss… soy Supermaaan…
Supergirl coge el insecticida
y le echa una buena rociada.

—¡Socooorrooo! —comienza a
gritar el mosquito—. ¡Kriptonita
nooooo! ¡Kriptonita nooooo!

—¡Cuidado, Spiderman!
¡Ten cuidado con la tortuga!
—¿Tiene miedo de que la pisen?
—¡No, Spiderman! ¡Ten cuidado
con ella, que es una tortuga ninja!

La hija de Batman le dice a
su padre:

—Papá, ¿me dejas dar una vuelta
con tu batmóvil?
—No, hija. No puedes conducir
sin mi supervisión.
—¡Jo, papi! ¿Cuándo voy a tener
superpoderes como tú?

Está Supermán en la calle totalmente magullado y lleno de chichones y, al verlo así, un policía le pregunta:

—¿Qué le pasa a nuestro hombre de acero?

—¡Qué me va a pasar! ¿Ve usted aquel edificio en el que pone «se traspasa»? ¡Pues es mentira! ¡No se puede traspasar!

—¡Qué barbaridad! —le dice Batman a Robin—. ¡Jamás he visto un accidente tan impresionante como ese!

—¡Pero, Bat! —replica Robin—. ¡Que eso no es un accidente, que es un desguace!

—¡Me encuentro fatal! —le dice Spiderman a Catwoman.

—No te preocupes. Voy a regalarte una tostadora.

—¿Una tostadora? —le pregunta extrañado Spiderman

—¡Sí, porque quiero que tu-estés bien!

Se ha producido un accidente aéreo y llaman por teléfono a Superman.

—¡Superman, Superman, ha ocurrido una catástrofe! ¡Necesitamos tu ayuda urgentemente!

—Se ha equivocado, esto es una pizzería.

—Pues entonces, rápido, ¡envíen a la Masa!

En la Confederación Mundial de Superhéroes, todos se disponen a hacerse una foto de familia. Solo falta Flash Gordon. Lo buscan sin descanso hasta que lo encuentran llorando en un rincón.

—¿Qué te ocurre Flash? ¿No quieres hacerte la foto con nosotros?

—¡Síííí…! ¡Buaaaaaa! ¡Pero es que el fotógrafo ha dicho que quiere hacer la foto sin Flash!

—Papi —dice el hijo de Superman—. ¿Quieres que te cuente un cuento?

—Claro, hijo, cuéntamelo.

—Érase una vez dos mercados pequeñitos que volaban sobre la ciudad…

—Pero, Supermancito, los mercados no vuelan.

—Estos sí, papi, porque eran supermercados.

Estaba Supermán sentado al borde de un acantilado, mirando fijamente al mar y, al verlo tan atento, Supergirl le pregunta:

—Super, ¿ocurre algo? ¿Por qué miras hacia el mar con tanta atención?

—No pasa nada, es que estoy viendo la carrera de submarinos.

Batman le dice a Catwoman:

—Pero ¿qué haces metiendo el Libro Guinness de los récords en la batidora?

—¡Es que quiero batir todos los récords!

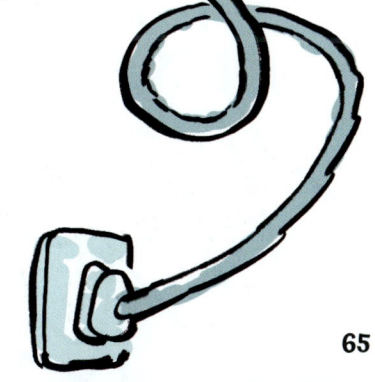

La madre de Manolito ha enviado a su hijo a la compra. Al verlo regresar, exclama asombrada:

—Pero ¿se puede saber cómo vienes de la compra con un antifaz, dos zanahorias en las orejas, media sandía en la cabeza y dos bolsas del súper a la espalda?

—¡Soy el Súper del barrio, mami! ¡Soy el Súper del barrio!

—¡Hay que ver cómo vuela Superman!

—¡El que vuela es el tiempo! —replica Supergirl.

—¿Se te hace tarde?

—No, es que se me acaba de caer el reloj desde el balcón.

Superman va a hacer la compra y a la media hora llega con la bolsa llena:

—Mira —le dice a Supergirl—, he traído morcilla de Burgos, queso de la Mancha, plátanos de Canarias y chorizo de Pamplona… ¡Ah! ¡Y una ensaimada de Mallorca!

—¡Caramba, Superman, te has recorrido toda España en media hora!

Spiderman, siempre ha envidiado el batmóvil de Batman, así que un día dice al hombre murciélago:
—¿Sabes, Batman, que he inventado un coche sin motor?
—¡No me digas! ¿Y cómo funciona?
—De momento solo funciona cuesta abajo.

Va una mujer a la taquilla del cine y dice:
—Deme una entrada para Superman.
El taquillero, sorprendido, replica:
—¡Increíble! ¿Viene Superman con usted? ¿Dónde está? ¿Dónde está?

Se encuentra Catwoman con Spiderman y le dice:
—Me acabo de comprar una moto de nieve.
—Pues ya puedes tener cuidado —replica el hombre araña—, porque se te va a derretir en cuanto llegue el verano.

Llega un hombre a un circo a solicitar trabajo y dice:

—Me han dicho que en este circo necesitan un hombre bala. Pues bien, ¡yo soy el auténtico hombre bala!

—A ver, haga una demostración de su habilidad.

—¡Beeeeee…! ¡Beeeeee…! ¡Beeeeeee!

—¡Fantástico! ¡Increíble! ¡Qué manera de balar! ¡Está usted contratado!

—Camarero, ¿qué me recomienda para comer?

—Nuestra especialidad: el chuletón Supermán.

—Suena bien. ¿Cómo es?

—Como el mismísimo superhéroe: duro, frío y con nervios de acero.

—Tranquilo, Batman, te veo nervioso. Pareces Spiderman.

—¿Por qué dices que parezco Spiderman?

—Porque estás que te subes por las paredes.

Superman y Supergirl se disponen a preparar la cena.

—¿Qué te parece si hacemos una *pizza* casera? —dice Superman.

—¡Estupendo! —responde Supergirl—. ¡Haz tú mismo la masa!

—Vale, Supergirl. Ahí voy: ¡gwruaauuuuuurrrrggggh…!

Batman dice a Robin:

—Me han regalado un robot de cocina inteligente de última generación.

—¿Dónde está? ¡Enséñamelo!

—Enseguida viene. Le he pedido que vaya a comprar unas hamburguesas.

—Mamá, mamá —dice un niño a su madre—. En la escuela me llaman Superman.

—Pero, hijo, ¿cuántas veces tengo que decirte que no te pongas los calzoncillos encima de los pantalones…

Batman está en el museo. Se acerca a un extintor de la pared y lee: «En caso de incendio, leer detrás».
Sin pensarlo dos veces, Batman da la vuelta al extintor y lee: «¡No seas curioso, hombre! ¡Te dije que leyeras detrás solo en caso de incendio! ¡Solo en caso de incendio!».

Entra Superman volando en una tienda y dice:
—¡Rápido! ¡No hay tiempo que perder! ¡Necesito papel higiénico! ¿Cuál me recomienda?
—¡El de doble capa, Superman! ¡Para usted, el de doble capa!

—¡Hombre, Superman, ¡cuánto tiempo sin verte! ¿A qué te dedicas ahora?
—¡Bah, hago cosillas! Por las mañanas soy superintendente en un supermercado, al mediodía soy supervisor de un superaeropuerto de superaviones supersónicos, por las tardes supertaxista en un supercoche y por las noches, poca cosa, me dedico a capturar monstruos.

En verano, Spiderman monta en un helicóptero y, en pleno vuelo, exclama:

—¡El inventor de este aparato se ha lucido! ¡Con el calor que hace aquí dentro y se le ocurrió poner el ventilador fuera!

—¡Soy Supervenganso, el superhéroe vengador!
—¡Venga ya!
—¡Oye, deja de meterme prisa! ¡Yo vengo cuando quiero!

Catwoman presume de su compra:
—Me he comprado una taza de Superman superbarata. ¡Dos euros me ha costado!
—Es una oferta.
—Una oferta no, ¡una super-ofer-taza!

—Ponme una naranjada energética, Manolo —dice el cliente
al camarero.
El cliente da un sorbo, pega un brinco hasta el techo, sale volando por
la ventana, se eleva hasta el tejado del rascacielos de enfrente, da
dos vueltas a la manzana y regresa volando en picado hasta la barra
del bar. El camarero se le acerca, le da una palmadita en la espalda
y le dice:
—¡Eres increíble, Superman! ¡Tú siempre superándote!

De repente, se abre una puerta
y se oye una voz:
—¡Spiderman, ha llegado tu hora!
Se hace el silencio en la sala.
Y vuelve a oírse la voz:
—¡Levántate! ¡Ha llegado tu hora!
—¿Es a mí? —pregunta Spiderman
poniéndose en pie.
—Sí, es tu turno, Spiderman
—repite la enfermera—. Ya puedes
pasar a la consulta del médico.

Batman circula a trescientos
kilómetros por hora en su batmóvil
supersónico y le para la policía.
—Lo siento —se disculpa
Batman—. ¿Rodaba a una
velocidad muy alta?
—No, señor —le responde
la agente—, volaba a una altura
muy baja.

Batman va a ver al mecánico.
—¿Qué ocurre, Batman?
—Vengo porque mi batmóvil
no arranca.
—Pero si eso que traes es
una bicicleta.
—¡Claro, porque mi batmóvil
no arranca!

Batman y Robin van a toda
pastilla en el batmóvil.
—¡Abre los ojos, Robin!
—exclama Batman enfadado.
—¡Es que me da mucho miedo
la velocidad! —replica Robin.
—¡Ya está bien, Robin! ¡Abre
los ojos de una vez, que
vas conduciendo tú!

Aparece en el patio del colegio
un hombre totalmente vestido de
negro: sombrero, capa y antifaz
negros. Saca su espada y… ¡zas,
zas, zas! Con tres sablazos dibuja
una gran Z en la pared.
Jaimita, al verlo, grita
entusiasmada:
—¡Ha venido Zupermán!
¡Ha venido Zupermán!

En la escuela de superhéroes.
—A ti, ¿a qué superhéroes
te gustaría parecerte?
—Me gustaría tener el poder de
Thor y la astucia de Lobezno.
—¡Muy bien! ¡Ha nacido un
nuevo superhéroe! ¡Te llamarás
Thorrezno!

La Masa quiere hacerse un
tatuaje en el pecho y la tatuadora
le pregunta:
—¿Qué tatuaje quiere que
le haga?
—¡No tengo ni idea!
—Un tatuaje es para toda la vida.
Tiene que ser algo que le vaya a
gustar siempre.
—Pues entonces tatúeme
una docena de hamburguesas.

Minibocaditos superbaticómicos

¿Cuántos superhéroes hacen falta para hundir un submarino?
Dos: uno fuera para llamar a la puerta y otro dentro para abrirla.

¿Qué hace Batman cuando se le avería su batmóvil?
Utilizar su bat-inete.

¿Cómo se entretiene Batman las tardes de domingo?
Contándole a Robin sus bat-allitas.

¿Qué le pidió Batman a Batwoman?
El batrimonio.

¿Cuál es el colmo de Batman?
Que le Robin.

¿A dónde va Batman con su viejo bat-inete?
Lo bat-irar.

¿Qué hace Batman enredando con el móvil?
Bat-chateando.

¿Cómo se llama la hija de Batman y Dora la exploradora?
Bat-i-dora.

¿Dónde hace pis Batman?
En el bat-er.

¿A qué jugaban Catwoman y Batman cuando eran pequeños?
Al gato y al ratón.

¿Por qué Batman lleva un tigre en el coche?
¡Porque es más fuerte que el gato para levantar el batmóvil!

¿De quién sospecha Batman cuando hay un incendio en el zoológico?
De las llamas.

¿Por qué a Batman le cuesta cantar como Superman?
Porque le resulta imposible decir super-califragilísticoespialidoso.

¿Qué ocurrió cuando Superman chocó contra un tiovivo?
Que dejó un tiomuerto.

¿Por qué a Superman le queda tan ajustada la camiseta?
Porque es de la talla S.

¿Qué es blanco por dentro, verde por fuera y atraviesa las paredes por la noche?
El melón fantasma.

¿Cuánto le costó a Superman su traje?
Le salió superbarato.

Se levanta el telón y aparecen dos mandos gigantes. Se cierra el telón. ¿Cómo se titula la película?
Superman-dos.

¿Qué es lo que le permite a Superman ver a través de las paredes?
Las ventanas.

¿Cómo sacas a Superman de un río?
Oxidado, porque es el hombre de acero.

¿Qué es una capilla?
Eso que lleva Supermán en la espaldilla.

¿Por qué Superman no es tan listo como dicen?
Porque se pone los calzoncillos encima del pantalón.

¿Qué le dijo un huevo duro a Supermán?
¡Soy imbatible!

Batman va en su batmóvil por las afueras de Gothan City a 120 km/h. Toma una curva peligrosa hacia la derecha y derrapa. ¿Cuál es la rueda que menos gira?
La rueda de repuesto.

¿Qué le dijo Superman a Caperucita Roja?
¡Devuélveme mi capa! ¡Devuélveme mi capa!

¿Por qué Superman persigue a los zombis?
Porque zomvillanos.

¿Por qué Superman no se acerca a la cripta de Drácula?
Porque cree que allí hay kriptonita.

¿Por qué Superman vuela con el puño cerrado?
Porque está superenfadado.

¿Por qué Superman no tiene tiempo para nada?
Porque se le pasa el tiempo volando.

Si el papel vence a la piedra, la piedra vence a las tijeras y las tijeras vencen al papel, ¿quién puede vencer a los tres a la vez?
Superman.

¿Por qué son tan tranquilos los hijos de Superman?
Porque son supermansitos.

¿Cuál es el colmo de Superman?
¡Ya está bien, pesado! ¡Y yo qué sé!

¿Cómo puede levantar Hércules un hipopótamo con una sola mano?
Imposible. No puede, porque el hipopótamo no tiene manos.

¿Qué día tuvo Zeus a su hijo Hércules?
Un miércules.

¿Cómo se llama el hijo de Hércules?
Herculito.

¿Por qué a Spiderman lo llaman superguarrete?
Porque tiene la casa llena de telarañas.

¿Qué hace Spiderman cuando está enfadado?
Se sube por las paredes.

Spiderman parece, Spiderman no es. ¿Quién es?
Eres tú disfrazado de Batman.

¿Quién es el superhéroe de los perros?
El doberman.

¿Qué es un plátano con una capa?
Un superplátano.

¿Y una morcilla con una capa?
Una morcilla disfrazada de superplátano.

¿Qué se pone Flash cuando llega a su casa?
Las pantuflash.

¿Cómo se llama la hija de Thor?
Thorrija.

¿A quién le gusta Thor?
A Thor mundo.

¿En qué se diferencian la Masa (el increíble Hulk) y Caperucita?
En que la Masa se pone verde y Caperucita, roja.

SALA 3: ¿MOLA O NO MOLA? Y, SI MOLA, ¿CUÁNTO MOLA?

SUPERMAL   ¡SUPERBAH!   SUPERMÁS   SUPERBIEN   SUPERCHACHI

MAGICOMI-CÓMICOS

La bruja doña Escóbula es la divertida guía turística del mundo magicomicómico. Ella te enseñará el difícil arte de reír en las situaciones más inesperadas. Brujas y brujos, trols, hadas, genios, adivinas, magos, duendecillos… desplegarán el más difícil de todos los superpoderes: convertir las caras largas en rostros alegres y festivos. Si tienes valor, pídeles un deseo… Tal vez mañana no seas más que una cómica rana brincando en el recreo.

Llega un brujito a la escuela de magia y pregunta:

—¿Cuándo empezarán las clases de ciencias ocultas?

—Cuando las encontremos, hijo, cuando las encontremos.

Una bruja le dice a un trol:

—Me han dicho que te has comido todos los huevos Kinder del supermercado.

—Así es, ya lo ves. ¡Soy un trol lleno de sorpresas!

El brujo grita asustado a la bruja:

—¡Ay, Melusa, Melusa!

—¿Qué ocurre, Lucius?

—¡He encogido a los niños! ¡He encogido a los niños!

—¡No seas tonto, hombre! ¡Estás mirándolos con los catalejos al revés!

Un elfo le pregunta a Pimpinela, el hada de los pájaros:
—Pimpinela, ¿cómo sabes si un ave es pájaro o pájara?
—Es muy sencillo, Odiel: le hago cosquillitas y si se pone contento es un pajarito y si se pone contenta es una pajarita.

—Todo ha terminado. Es el final. Estoy en medio de la oscuridad. Una tenue luz me devuelve a la realidad… Todo el mundo se aleja de mí… Me estoy quedando sola, sentada, en silencio…
—¡Venga, Lucila! ¡Haz el favor de levantarte de la butaca, que se ha terminado la película!

Diálogo entre magos:
—¡Qué sombrero más divertido tienes, Maguncio!
—¿Te hace gracia?
—Sí, mucha.
—¡Normal! ¡Es una chistera!

—Soy el genio de la lámpara, puedes pedirme tres deseos.
—¿Me dejas pensar un momento?
—Concedido, te quedan solo dos.

—El otro día iba a activar el móvil —dice Caperucita— y me pidió una contraseña de ocho caracteres.
—¿Y cuál pusiste?
—Blancanieves y los siete enanitos.

Una bruja le dice a otra:
—Casandra, se ha roto la bola de cristal de la habitación.
—Tranquila, Avalon, ahora voy con la escoba.
—No es urgente, Casandra. No hace falta que arranques la escoba. Puedes venir andando.

Un faquir le dice a un mago:
—Me acabo de tragar una soga.
—¿Y cómo te sientes?
—Como si tuviera un nudo en la garganta.

—Me han dicho que tu profesora de magia desapareció.
—Cosas de su profesión: era maga ilusionista.
—Pero creo que nunca volvió a aparecer.
—Ya, es que no era muy buena maga.

—Me llamaron del zoológico para curar a un león que estaba acatarrado. El pobre no hacía más que toser.

—¿Y qué hiciste?

—Le di una chocolatina rellena y dejó de toser.

—¡Una solución mágica!

—¡Sí, sí! Pero los demás leones no son tontos y también se han puesto a toser.

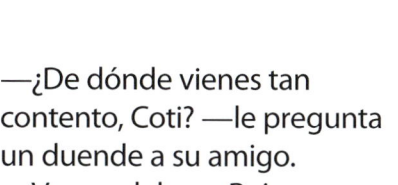

—¿De dónde vienes tan contento, Coti? —le pregunta un duende a su amigo.

—Vengo del mar Rojo.

—¿Rojo? Eso es que te has quemado por no echarte crema.

Una bruja le dice a otra:
—Tengo que llevar la escoba
al taller.
—¿Se te ha averiado?
—No, es cuestión de carrocería.
¡Tiene termitas!

La duendecita Miniminita le dice
a su madre:
—Mamá, mamá, ¡qué rico está
este chupachups crujiente de
nueva generación!
—Por favor, hija, ¡haz el favor de
quitarle el envoltorio
al chupachups!

El mago Escarolo le dice a
un colega:
—El año pasado sembré
zanahorias, ¿y a que no sabes qué
salieron?
—Pues qué van a salir:
¡zanahorias!
—No, no, salieron conejos y
se las comieron.

Dos conocidos se encuentran.
—¿Cómo estás, Manolo?
—Nada por aquí, nada por allá.
—¡Hombre! ¿Eres mago?
—No, es que no tengo ni un solo euro en el bolsillo.

—Hombre Maguncio, me han dicho que tu nombre artístico es el Mago Vidente. Imagino que es porque adivinas el futuro.
—No, no. Soy el Mago Bidente porque solo tengo dos dientes.

Está un hombre limpiando insistentemente la lámpara maravillosa cuando, de pronto, una voz enojada sale de su interior:
—¡Ya está bien de frotar! ¡Déjame dormir de una vez!
—¡Caramba! —exclama el hombre—. ¡Menudo genio!

Una mujer se encuentra la lámpara de Aladín, la frota y sale el genio:
—¡Hola! ¡Soy Aladín!
—¡Aladín, aladán, aladín-don-dán! ¡Tres deseos me con-cederás!
—¡Pues ahora te fastidias! ¡Por burlarte de mí, te has quedado sin deseos!

Una bruja le pregunta a un brujo:
—Oye, Tufus, ¿qué perfume usas?
—Es un poco fuerte: se llama Tempestad.
—No me extraña, porque huele a rayos.

Un trol gigante le dice a un pequeño duende:
—¡Qué pequeñito eres, duendecillo!
—¡No soy pequeño, lo que pasa es que estoy lejos!

El brujo Cornelius se encuentra
con una aprendiz de maga y
le pregunta:
—¿Por qué estás tan triste?
—Porque me han suspendido
en la escuela de magia.
—¿Y eso por qué?
—Porque cada vez que digo
«abracadabra», alguien
desaparece para siempre… ¡Ay,
perdón, Cornelius! ¿Dónde estás?
¿Dónde estás? ¡Vuelve! ¡Vuelve!

Un estudiante está examinándose para obtener el título de mago.
—¿Cómo se dice en inglés «comprender»?
—*Understand*.
—Muy bien. Canta una canción utilizando esa palabra.
—¡*Understand* las llaves matarile, rile, rile…!

Está Aladín sacudiendo una alfombra a la puerta de su casa, se le acerca una bruja amiga y le pregunta:
—¿Qué? ¿Arranca o no arranca?

¡En casa de la bruja Lalela es la hora de la cena:
—¿Qué tenemos hoy para comer? —preguntan sus pequeñas brujitas.
—¡Caca con cebolla! —responde Lalela.
—¡Puaaaaajjj…! ¡Noooo…! ¡Qué asco! —exclaman todas—. ¡Otra vez cebolla!

Un mago llega a un circo en busca de trabajo:
—Buenas, soy ventrílocuo y busco trabajo.
—¡Bah! Usted no debe ser muy bueno porque se ve cómo mueve la boca cuando habla.
—¡Es que yo soy la marioneta!

El hada Marilís le pregunta a un duendecillo:
—¿Qué tal el reloj mágico que te regalé?
—Es malísimo. En vez de decirme la hora, no hace más que preguntármela.

En la escuela de magia, un alumno le dice al director:
—¡Por favor, cámbieme de habitación! ¡Mi compañero me da miedo!
—¡No pasa nada, Pitu! ¡No es más que un inofensivo gatito!
—¡Ya, ya…! ¡Pero es que yo soy un ratón!

Entra un trol apresuradamente
en un bar y pregunta al camarero
con voz de trueno:
—¡Camarero! ¿Tiene alitas?
—¡Sí… sí, señor! —responde
atemorizado.
—¡Pues… tráigame volando
un bocadillo de calamares!

Caperucita llega a casa de
su abuelita y le dice:
—Abuelita, ¡qué ojos tan grandes
tienes!
—Son para verte mejor.
—Abuelita, ¡qué orejas tan
grandes tienes!
—¡Son para que las gafas no se
me caigan, Caperucita!

Un trol llega a la cueva de la bruja
Sortilegia.
—Ojos de rana, patas de cabra,
orejas de vampiro, nariz de
musaraña… —dice la bruja.
—Veo que me estás preparando
un brebaje mágico, Sortilegia.
—No, Trolito, no. Te estoy
describiendo.

La brujita Brunildita le dice
a su madre:
—Mami, ¿me compras
una alfombra para ir al cole?
—Ni hablar Brunildita, tú vas al
cole en escoba como las demás
brujitas.

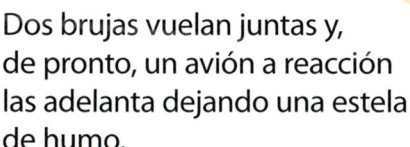

Dos brujas vuelan juntas y,
de pronto, un avión a reacción
las adelanta dejando una estela
de humo.
—¡Jo, tía! —exclama una—.
¡Menuda prisa tiene ese pajarraco!
—Tú también tendrías prisa
—replica la compañera— si se
te fuera quemando la escoba.

—Doctor —dice el trol al oculista—, me ocurre una cosa muy rara. Cada vez que me pongo a comer, veo menos.
—¿Cómo? ¡Eso no es posible!
—Que sí, que sí, doctor. ¡Veo menos comida en el plato!

Una jovencita pidió un deseo al genio de la lámpara:
—¡Quiero ser muy rica!
—¡Concedido!
Y el genio la convirtió en una deliciosa tarta de frambuesa.

Va un duendecillo por el campo saltando y cantando:
—¡Que se me aparezca un zombiiiii! Larará, lararí ¡Que se me aparezca un zombiiii…!
¡Zas! Se le aparece un zombi y el duendecillo, aterrado, echa a correr, diciendo:
—¡Que era broma! ¡que era broma! ¡Jo, los duendes ya no podemos ni bromear!

Un brujo presumía de ser buen imitador.

—Sé imitar a los gatos como nadie.

—¡Bah! ¡Eso es facilísimo! ¡Cualquiera sabe hacer miau, miau!

—Sí, pero nadie come ratones como yo.

—¿Qué quieres ser de mayor, hijo?

—Yo quiero ser adivino.

—¿Adivino? ¡Ven aquí inmediatamente!

—No, que me vas a reñir.

—¡Caramba, lo has adivinado! ¡Pues a lo mejor vales para eso!

Va un mago al médico y le dice:

—Doctor, creo que estoy incubando algo…

—¡Cielos! —exclama el doctor—. ¡Una gallina que habla!

—Papi, en el cole me llaman brujo.
—¿Y tú qué haces, hijo?
—Los convierto a todos en ranas. ¡Para que se enteren!

—El pirata Calaveras ha atracado una zapatería y se ha llevado un botín.
—¿Todo el botín?
—No, solo un botín, porque tiene una pata de palo.

El mago Gomitila enseña a sus alumnos a capturar dragones.
Material necesario: unos prismáticos, un palillo de dientes y un bote.
Procedimiento: observa al dragón mirándolo con los catalejos del revés. Entonces lo verás muy pequeño, del tamaño de una aceituna. Rápidamente, y sin dejar de observarlo, lo pinchas con el palillo de dientes y… ¡al bote!

Brebajes de hierbaluisa para partirse de risa

Era un duende tan bajito, tan bajito que en las fotos de carnet salía de cuerpo entero.

Era un duende tan pequeño, tan pequeño que para bajar de su seta se tiraba en paracaídas.

¿Cuál es la salsa preferida de un mago?
La magonesa.

¿Cuál es el colmo de una princesa?
Confundir los colores y tener un príncipe rojo en vez de un príncipe azul.

¿Qué hacen los magos cuando se equivocan al escribir?
¡Tachan, tachan!

Era un trol tan lento que, cuando caminaba, su sombra se detenía a esperarlo.

¿Cuál es el trol más mentiroso?
El trolero.

¿Qué dice el mago a su hijo en la playa?
¡Nada por aquí y nada por allá!

Si se te apareciera un hada con una varita mágica , ¿qué le pedirías?
¡La varita!

¿Cuál es el colmo de un dragón?
Tener la garganta inflamada.

Era un trol tan alto, tan alto que cuando nació lo llamaron: Continuará.

Era un trol tan alto, tan alto que nació el tres, cuatro y cinco de marzo.

Era un duendecillo tan pequeñito, tan pequeñito que en vez de dormir con un oso de peluche, dormía con un osito de gominola.

¿En qué se parece la cocina de una bruja al mar?
Pues en que en la cocina de una bruja hay cacerolas y en el mar no hay «cacer olas» porque vienen ya hechas.

Era una charca tan seca, tan seca que las ranas llevaban cantimplora.

Era un país tan antiguo, tan antiguo que el arco iris salía en blanco y negro.

Era un duende tan viejo, tan viejo que conoció al mar Muerto cuando todavía estaba enfermo.

¿Por qué los magos calvos nunca se caen?
Porque usan champú anticaída.

¿Cómo se llama el invento que sirve para atravesar las paredes como si nada?
Puerta.

¿Por qué los trols suelen dormir con una caja de herramientas debajo de la cama?
Para tener un sueño reparador.

¿Qué le dijo Caperucita Roja al Lobo Feroz?
¡No me vengas con cuentos!

¿Cuál es el hada que lleva la melena suelta?
El hada Ni-coleta.

¿Cuál es el colmo de un vidente?
Vivir en el piso noveno B.

¿Cuál es el colmo de un mago despistado?
Hacer desaparecer su varita mágica.

Era una familia de duendecillos tan pequeñitos, tan pequeñitos que lavaban la ropa en la batidora.

¿Qué decía un duende el día que le robaron todas las sillas de casa?
¡Me siento muy mal!

¿Qué hace el perro de un mago?
Ladra-cadabra.

Era una reina tan bajita, tan bajita que en vez de llamarla alteza, la llamaban bajeza.

Era un trol tal gigantesco, tan gigantesco que cuando pisaba a alguien, en vez de decir «perdone», decía «descanse en paz».

Había una bruja tan pequeña, tan pequeña que en vez de volar en la escoba, volaba en la escobilla del váter.

Era un gigante tan enorme, tan enorme que fue a un puesto de sandías y dijo: «¡Póngame diez kilos de esas aceitunas!».

Era un duende tan chiquitín, tan chiquitín que por las mañanas su mami, en vez de preguntarle ¿cómo estás?, le preguntaba ¿dónde estás?

¿Por qué los magos nunca se desaniman?
Porque se hacen ilusiones.

¿Cómo reconoces a un trol en un barco pirata?
Porque es el único que lleva parche en los dos ojos.

¿Cuál es el pez favorito de un pirata?
El pez espada.

¿Cuál es el golpe más peligroso de un boxeador pirata?
El gancho de izquierda.

¿Cuáles son las fotos preferidas por los elfos?
Los selfis.

SALA 4: ¿MOLA O NO MOLA? Y, SI MOLA, ¿CUÁNTO MOLA?

¡TURURÚ!   ¡GLUP!   BADABADÚ   ¡CHÁS!   ¡TACHAAAÄN!

FRANKI JOKEMALOTE

El mismísimo **Frankenstein, Frankimalote** para los amigos, te acompañará por esta galería descacharrante llena de tolonterías que él mismo protagoniza. Detrás de este personaje feote y con cara de pocos amigos, se esconde un zampabollos cómicomalote que no dejará de sorprenderte con las situaciones más desternillantes. ¡Vamos! ¡Date prisa! ¡Vas a partirse de risa!

Drácula se encuentra con Frankenstein y le dice:
—¡Qué coche más bonito te has comprado!
—¿Cómo sabes que me he comprado un coche?
—Porque lo llevas a la espalda como una mochila.
—¡Oh, no! ¡Otra vez se me ha olvidado quitarme el cinturón de seguridad!

—Doctor —dice Frankenstein—, estoy como un camión. ¿Qué puedo hacer para adelgazar?
—Muy sencillo: tienes que mover la cabeza de derecha a izquierda y de izquierda a derecha.
—¿Y cuántas veces tengo que hacerlo?
—Cada vez que te ofrezcan comida.

—¡Hoy daremos clases de salsa en el salón! —anuncia el conde Drácula.

Al rato, se presenta Frankenstein con cinco barras de pan bajo el brazo.

—Pero ¿para qué quieres tanto pan? —le pregunta el conde.

—¡Para untar! ¡Para untar la salsa, señor conde!

Va Frankenstein en su coche, pasa un tren, se lo parte en dos y dice:

—¡Jo, qué faena! ¿Y qué hago yo ahora con dos coches?

Frankenstein se lleva las manos
a la espalda y dice a un amigo
zombi:
—¡No mires! ¿A que no sabes qué
tengo escondido a mis espaldas?
—¡Un camión de bomberos!
—¡Jo, no vale! ¡Has mirado!

Va Frankenstein con un perro,
se le acerca un vampiro
y le pregunta:
—¿Muerde?
Frankenstein responde:
—No, ¡qué va!
Entonces, el vampiro pregunta
de nuevo:
—¿Y el perro?

Franki habla de sus gustos:
—¡Pues a mí me gustan tanto
los cocos que me como hasta lo
de dentro!

—Buenas tardes —dice Frankenstein—. Vengo a sacarme el carnet de conducir.
—¡Pero oiga, que esto es un hospital!
—Ya, ya, es que quiero que me lo saquen porque me lo he tragado.

Frankenstein le pasa una notita a Drácula que pone: «Tengo mucha ambre».
—¡Franki, hambre es con hache! ¡Con hache!
—Para que veas el hambre que tengo, ¡hasta me la he comido!

Franki grita y llora de rabia:
—Pero ¿qué te pasa, Franki? —le pregunta Drácula.
—¡Que un zombi me ha mandado a freír espárragos!
—¡No te lo tomes así, hombre!
—¡Ya, bro, pero es que no encuentro la receta!

105

Un esqueleto y un zombi hablan de las últimas noticias:

—¡Increíble! En las últimas olimpiadas, Frankenstein ha conseguido cincuenta medallas de oro y treinta de plata.

—¡Este Franki, lo que tiene de bruto lo tiene de habilidoso!

—Sí, ¡lástima que lo hayan detenido por robo!

El Hombre Lobo se encuentra con Frankenstein:

—¡Hombre, Franki!, ¿qué tal estás?

—No me vas a creer, bro, pero he estado a las puertas de la muerte.

—¡No me digas! ¿Qué te ha ocurrido?

—Nada, que acabo de pasar al lado del cementerio.

Franki está merendando él solito una tarta gigante de chocolate. Drácula, al verlo, le aconseja:

—Tienes que comer sano, Franki.

—Yo como sano y enfermo, señor conde. A mí nada me quita el hambre.

Va Frankenstein al médico y le dice:
—Doctor, por la noche tengo sueños terribles de comidas.
—¿Te tienen harto esos sueños, Franki?
—Sí, doctor, esta noche, por ejemplo, he tenido muchas «pescadillas».

Un policía de tráfico para a Franki en plena autopista.
—¡Es usted un bárbaro! ¡Le tengo que poner una buena multa por ir a 120!
—¡Pero si esa velocidad está permitida en la autopista!
—¡Ya, ya! ¡Pero es que usted va en bicicleta!

Está Franki en un programa de televisión y le toca el turno de concursar:
—¡Bienvenido, señor Franki!
¡Díganos sus apellidos!
—¿Mis apellidos…? ¡Este…! ¡Quiero usar el comodín del público!
—¿Está seguro?
—¡Hemos venido a jugar!

—¿Qué te pasa, Franki?

—Me he enfadado con el médico porque me ha llamado gordo.

—Te habrá dicho que tienes que adelgazar.

—¡Qué va! Me ha dicho: «¡Franki, abre la boca y di muuuuu…!».

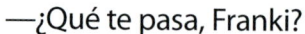

Llega Frankenstein a la mansión de los monstruos con la pierna escayolada y le preguntan:

—Pero ¿qué te ha pasado, Franki?

—Nada, que estaba jugando al fútbol, iba a sacar un córner y me cambiaron el balón por una bola de hierro.

—¡Jo, pues te has destrozado el pie!

—¡Esto no es nada! ¡No veas cómo tiene el coco el que remató de cabeza!

—¡Quedas despedido, Franki!

—Pero ¿por qué?

—Porque pasas la lengua por todos los helados de la fábrica.

—Para eso me contratasteis, ¡para un mes de prueba!

El glotón de Frankenstein llega hambriento a la mansión del terror y pregunta al cocinero:

—¿Qué tenemos hoy «pa» comer?

—Paella —responde el chef.

—¡«Pa» ella! ¡«Pa» ella! ¿Y «pa» mí qué? ¿Y «pa» mí qué?

Frankenstein está de visita en el zoo. Se acerca al guarda y le pregunta:
—¿Dónde está el recinto de los gorilas?
—¿Para qué te escapas si luego no sabes volver? —le responde el guarda.

—Tienes que ponerte en forma —dice un zombi a Franki.
—Sí, sí, estoy a dieta. Solo como ensalada.
—¡Pero si te estás comiendo una lasaña para cinco tú solito!
—Sí, pero yo la llamo ensalada.

Pasa un tráiler a toda velocidad y Drácula le dice a Franki con ironía:
—Menos mal que ese tráiler no es de chocolate porque eras capaz de comértelo.
—Hombre, ¡claro! —replica Franki—. ¡Pero comenzaría por las ruedas para que no se me escapara!

Frankenstein le dice al Hombre Lobo:

—¡Un amigo mío tiene dos orejas!

—¡Bah, eso es normal! ¡Todos tenemos dos orejas!

—¡Sí, bro, pero es que mi amigo las tiene en el mismo lado!

Está Franki en un concurso de televisión y el presentador, al ir a lanzarle la primera pregunta, ve que está jugando con su Nintendo.

—¡Oiga! —le dice el presentador—. ¿Qué hace? ¿A qué ha venido usted aquí?

Y Franki responde con desenfado:

—¡Hemos venido a jugaaaaar…!

Franki llega a la mansión lleno de golpes y arañazos.

—Pero, Franki, ¿qué te ha pasado?

—Nada, que el jardinero me ha pedido que le cogiera unos dientes de león y le he hecho ese favor, pero el león no se dejaba.

Frankenstein pasea con un zombi y, al cruzar un puente, el zombi se cae al río.

—¡Socorro! ¡Me ahogo! ¿Qué hago? ¡Me ahogo! ¿Qué hago?

—¡Nada, zombito, nada, nada! —le grita Franki.

Y el zombi no hizo nada…

¡Y se ahogó!

Amanece. Frankenstein se despereza y dice:

—Hoy me he levantado con ganas de trabajar, bro.

—¡Menos mal! —replica un fantasma—. ¡Ya era hora!

—¡Sí! —responde Franki—. ¡Voy a acostarme otra vez para ver si se me pasa!

Estaba Frankenstein limpiando un espejo de la mansión cuando, de pronto, se detiene y dice mirando al espejo:

—Bueno, ¿qué, colegui? ¿Lo limpias tú o lo limpio yo?

Franki está llorando a moco tendido. Para consolarlo, una zombi se acerca y le dice:

—Franki, colega, no llores, que el llanto afea a la gente.

—¡Pues no veas lo que has debido de llorar tú!

Frankenstein viene del cine y Drácula le pregunta:

—¿Cómo se titulaba la película?

—Noche de monstruos en la Mansión del Terror.

—¿Y de qué trata?

—De una mariposita que vive feliz en su pradera.

Un zombi ve a Frankenstein soplando con fuerza por el tubo
de escape de su coche y le pregunta:
—Pero, Franki, ¿qué estás haciendo?
—¡Que me han abollado el coche con un golpe y estoy reparándolo!
—Pero, Franki, no seas tonto, ¡tienes las ventanillas abiertas y por ahí
se te escapa el aire!

En la mansión del terror todos están cenando a la luz de las velas.
El cocinero pregunta a Frankenstein:
—Franki, ¿qué tal están las almejas?
—¡Mmmmmmm…! —responde Franki relamiéndose—. ¡Crujientes, crujientes!

La condesa Drácula dice a sus pequeños vampiros:
—Niños, hoy viene Frankenstein a comer.
—¿A quién viene a comer, mami? —preguntan los peques asustados—. ¿A quién viene a comer?

Frankenstein se va de *camping* y está feliz.
—¡He adelgazado! ¡Este chubasquero no me entraba hace un mes y fíjate qué bien me queda ahora!
—¡No seas tonto, hombre, que te has puesto encima la tienda de campaña!

Un zombi se encuentra con otro y le dice:

—¡Oye, tienes un ojo morado!

—Sí, sí, había hielo en la acera, un resbalón, una caída…, me dio la risa y no paraba de reír…

—Pero ¡te la pegaste y encima te reías!

—No, no, el que se la pegó fue Frankenstein… ¡y no veas cómo se puso conmigo!

—¡Mmmmmmmmmm! —se relame Frankenstein—. ¡Estas tortitas de maíz están deliciosas!

—¡Pero, Franki, que te estás comiendo los posavasos!

—¿Qué te pasa, Franki?
—pregunta Drácula.
—¡Que me he comido cinco docenas de ostras y me duele mucho la tripa!
—Al abrirlas, ¿no te fijaste si estaban malas?
—¡Ah! ¿Había que abrirlas?

Frankenstein está dispuesto a ponerse en forma.
—Buenas, quiero apuntarme al gimnasio para bajar unos kilitos.
—Pero oiga, que esto es una pastelería.
—Bueno, pues ya que estoy aquí, póngame cinco docenas de pasteles.

—¿Cómo lograste identificar a Frankenstein? —le preguntan a un atrapamonstruos.
—Muy sencillo, vi a un tipo sospechoso, le pedí que me contara un chiste y me dijo: «¡Vale! Va una manzana y dice: dos por dos son ocho; entonces pregunta: "¿Queréis más?". Y le responde: "Las vacas bien, gracias"».
—¡Está clarísimo: era Frankenstein!

Chachi-Franki-tronki-risas

¿Por qué está triste Frankenstein?
Porque piensa que a causa del cambio climático van a desaparecer las *pizzas* cuatro estaciones.

¿Como arregla Frankenstein las abolladuras de los automóviles?
Soplando con fuerza por el tubo de escape.

¿Por qué Frankenstein deja de conducir cuando llueve?
Porque el limpiaparabrisas no para de decirle: «No-no, no-no, no-no…».

¿Por qué Frankenstein lanza su nuevo móvil al aire?
Porque le han dicho que tiene «modo avión».

¿A dónde va Frankenstein con cincuenta rollos de papel higiénico?
A jugar a las momias con sus amigos.

¿En qué se diferencian Frankenstein y una hormigonera?
En la matrícula.

¿Cómo identificas a Frankenstein en un campo de fútbol?
Porque es el único que lleva una tele para ver el partido.

¿Por qué a Frankenstein no le gusta el té?
Porque se atraganta con las bolsitas.

¿Por qué Frankenstein no bebe leche fría?
Porque la vaca no le cabe en el frigorífico.

Era un día tan caluroso, tan caluroso que Frankenstein salió a tomar el sol y su sombra prefirió quedarse en casa.

¿En qué se parecen Frankenstein y una tormenta?
En que cuando se marchan se queda un día espléndido.

¿Qué es Frankenstein montado en un burro?
Un burro de dos pisos.

¿Qué es lo primero que hace Frankenstein en cuanto termina de ducharse?
Se quita la ropa mojada.

¿Qué hace Frankenstein cuando ve que lo persigue una manada de caballos?
Bajarse a todo correr del tiovivo.

¿Qué le dijo la nariz al dedo de Frankenstein?
¡Deja de meterte conmigo!

¿Por qué Frankenstein permanece durante horas observando fijamente el tetrabrik de zumo?
Porque sigue las instrucciones del envase: «Concentrado».

¿Qué le dijo Franki a una estatua?
¡Caradura!

¿Por qué Frankenstein suele salir a pasear con una mesa y una silla en la cabeza?
Para que la gente vea que tiene la cabeza bien amueblada.

Era una báscula tan inteligente, tan inteligente que cuando Frankenstein se subía para pesarse, la báscula decía: «¡Continuará!».

¿Qué hizo Frankenstein el día que se encontró diez monedas de un euro?
Regaló nueve porque estaban repetidas.

¿Por qué Frankenstein no necesita secarse cuando sale de la ducha?
Porque se ducha con paraguas.

¿Por qué Franki se abanica con un serrucho?
Porque le han dicho que el aire de la sierra es muy sano.

¿Qué hora es cuando Frankenstein llama a la puerta?
La hora de llevar esa puerta a arreglar.

¿Qué echa Frankenstein a los garbanzos para que piquen?
Avispas.

¿Por qué Franki no terminó la escuela?
Porque se le acabó el cemento y se le estropeó la hormigonera.

¿Qué le dice Frankenstein a su gatito cuando se porta mal?
¡Estás castigato!

¿Para qué coloca Frankenstein en verano un vaso vacío en el frigorífico?
Para cuando no quiere tomar nada.

¿Por qué Franki solo come pasteles supergrandes?
Porque el médico le ha dicho que se olvide de comer pastelitos.

Se abre el telón y aparece Frankenstein subido a un árbol comiendo golosinas. ¿Cómo se titula la película?
El goloso en ramas.

Se abre el telón y aparece Frankenstein escalando por la pared de una heladería. ¿Cómo se titula la película?
Escalo-frío.

SALA 5: ¿MOLA O NO MOLA? Y, SI MOLA, ¿CUÁNTO MOLA?

¡PANÁ!   ¡PATÍ!   ¡PATÓS!   ¡PAMÍ!   ¡PACOMÉ!

MONSTRUITOS

Te presento a la **vampira Nicoleta**, guía chisteriosa del reino de la noche. Síguela hasta su cripta comecómica y te troncharás de risa. Vampiros, fantasmas, esqueletos, zombis, momias carcajeantes y otros seres errantes te amenazarán con risotadas de ultracatacumba hasta hacerte reír a moco tendido. Los monstruos del humor te esperan. ¡Lanza una sonora carcajada y que mueran de risa los fantasmas!

Un vampiro le dice a su hijo:
—Vampirín, mientras barro la mansión échales un ojo a los garbanzos.
—¡Ni hablar papi! ¡Porque si les echo un ojo me quedo tuerto!

—¡Papá, papá! —grita Vampirina—. ¡La mansión está temblando!
—¡Vampirina, deja de decir tonterías y haz el favor de bajarte de la lavadora!

El vampiro Melaspiro se encuentra con la condesa Drácula y le pregunta:
—Parece que el conde no te habla. ¿Está enfadado contigo?
—Es que hace un mes me pidió el pintalabios, me equivoqué y le di el tubo de pegamento. Desde entonces no me dirige la palabra.

El conde Drácula se dispone a cenar en un restaurante y el camarero le pregunta:

—¿Qué desea cenar el señor conde?

—Mire, me apetece lo que está comiendo el caballero de aquella mesa.

—De acuerdo, señor conde. Voy a intentar quitárselo, pero no sé si lo lograré, porque es un campeón de kárate.

En la mansión del terror, el ama de llaves dice al mayordomo:

—¿Y el niño? ¿Se puede saber dónde está Vampirín?

—¡Tranquila! ¡Está dando una vuelta!

—¡Pero si es de día! ¡No has debido dejarle salir de casa!

—¡No te preocupes, mujer, está dando una vuelta en la lavadora!

Vampiresa le dice a Vampireso:
—¡Vampi, estoy muy pero que muy enfadada! ¿No me vas a preguntar por qué?
—¿Por qué estás enfadada, Vampi?
—¡Cállate, que no me gusta que me hablen cuando estoy enfadada!

Una vampira le dice a un vampiro:
—Yo jamás robaré en una pescadería.
—¿Y eso por qué?
—Porque lo intenté hace una semana, ¡y me pescaron!

El conde y la condesa Drácula van al cine a ver la peli de Tarzán, pero se equivocan y entran en la sala donde proyectan King Kong. En medio de la película, el conde Drácula le dice a la condesa:
—¡Hay que ver cómo ha crecido Chita!

Jaimito va gritando por la calle:
—¡Hay un zombi en la ciudad!
¡Cuidado con él! ¡A los que tienen
tres orejas se las corta!
—¡Bah! —replica Jaimita—.
¡Yo no tengo miedo porque solo
tengo dos orejas!
—No te fíes, Jaimita, porque
primero las corta y luego
las cuenta.

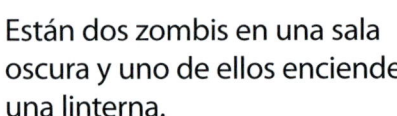

Están dos zombis en una sala
oscura y uno de ellos enciende
una linterna.
—¿A que no eres capaz de subir
por el rayo de luz hasta el techo?
—¡Ya! ¿Te crees que soy tonto?
¡Para que cuando esté arriba del
todo apagues la linterna y
me pegue un morrazo!

Llama un hombre a la comisaría
y dice:
—Comisario, unos zombis
han atracado un banco.
—¿Y cómo sabe que eran
zombis?
—Porque son tan tontos que
han hecho un agujero para entrar
y otro para salir.

Un zombi le dice al médico:
—Doctor, doctor, tengo un inquietante hormigueo por todo el cuerpo.
—Tranquilo, don Zumbado. Le recetaré un inquietante insecticida.

Dos zombis hambrientos entran en un castillo y, al encontrarse con una armadura, exclaman decepcionados:
—¡Jo, qué mala suerte! ¡Otra vez tenemos comida enlatada!

—¡No me gusta nada ser un zombi!
—¿Y eso por qué, Zombirolo?
—Porque con lo que me costaba levantarme de la cama, imagínate lo que me cuesta ahora levantarme de la tumba.

Está un zombi pintando la fachada de la mansión del terror, pasa otro zombi y le dice:
—Agárrate a la brocha con fuerza, que me voy a llevar la escalera.

Dos zombis roban un tráiler y, antes de ponerlo en marcha, dice uno de ellos:
—¡Vamos a quitarle las ruedas!
—¿Para qué quieres quitarle las ruedas?
—¡Para no dejar huellas hombre!

Una zombi le dice a un vampiro.
—Los que somos tan guapos nos ganamos muchos enemigos.
—Pero si eres feo, feísimo —replica el vampiro.
—¿Lo ves?, ¿lo ves? Ya tengo otro enemigo más.

Dos zombis entran en una tienda y dicen:

—¡Queremos comprar ese televisor!

—¡Fuera zombis! —replica el vendedor—. ¡No se admiten zombis!

—¿Cómo sabes que somos zombis? —preguntan sorprendidos.

—Porque esto no es un televisor. ¡Es un microondas!

Una esqueleto le dice a un zombi:

—¡Es superior a mis fuerzas! ¡No soporto verte esa cara tan sucia y horrorosa!

—¡No te preocupes! —responde el zombi—. ¡Ahora mismo apago la luz!

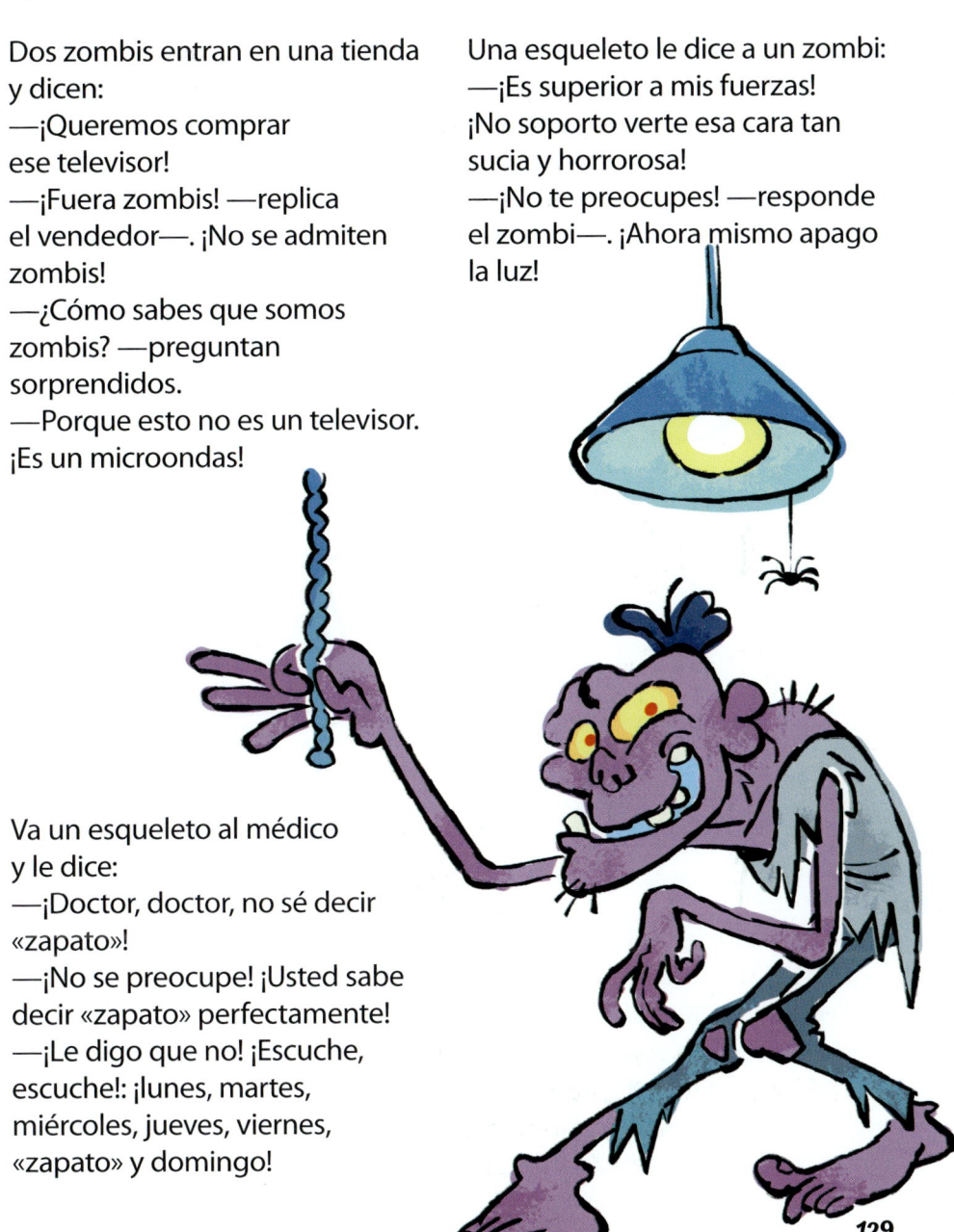

Va un esqueleto al médico y le dice:

—¡Doctor, doctor, no sé decir «zapato»!

—¡No se preocupe! ¡Usted sabe decir «zapato» perfectamente!

—¡Le digo que no! ¡Escuche, escuche!: ¡lunes, martes, miércoles, jueves, viernes, «zapato» y domingo!

129

Entra un esqueleto en
una carnicería y dice:
—¿Me pone cinco kilos de carne?
—¿Quiere que se los envuelva?
—No hace falta, me los llevo
puestos.

—No somos nada —dice
un fantasma a un esqueleto.
—Ya, ya, sobre todo tú.

Llega un esqueleto al médico y exclama:
—¡Doctor, doctor! ¡Tengo un hueso fuera! ¡Tengo un hueso fuera!
—Bien, dígale que pase.
—Jua, ja, ja, ja, ja… juauuuu, jo, jo, jo, joooooooooo… —se escucha
una desternillante carcajada.
—¿Se puede saber qué ocurre? —pregunta el médico.
—Nada, doctor, es que se trata del hueso de la risa.

En medio del desierto,
un esqueleto se encuentra a otro
en bañador y le pregunta:
—¿A dónde vas?
—A darme un bañito en el mar.
—¡Pero si el mar está a más de
500 kilómetros de aquí!
—¡Jo! ¡Menuda playa más larga!

Salen del médico una pareja de
esqueletos, y él le dice a ella:
—Keleta, ¿por qué me habrá
preguntado el médico si estoy
a dieta?
—Que no, Keleto, que no.
¡Te ha preguntado que si estás
idiota!

Dos esqueletos leen el periódico:
—Ha habido un incendio en
la oficina de correos.
—¡Menuda desgracia!
—Sí, no hay ningún
«sobre-viviente».

131

Una esqueleto le dice a
un esqueleto:
—¡Eres muuuuuuuuu tonto!
—¿Por qué, a ver? ¿Por qué?
—¡Porque sí, porque lo digo yo!
—¡Jo! ¡Qué poder de convicción
tienes! ¡Me has convencido,
me has convencido!

La fantasma Niteveo le dice a
un fantasma que pasaba por allí:
—¡Mentecato!
—¡Oye, no me insultes!
En ese momento llega otro grupo
de fantasmas y dice Niteveo:
—Menticinco, mentiséis,
mentisiete, mentiocho…

Fantasmín y Fantasmina van por primera vez a la escuela de monstruos
y, antes de entrar, escuchan voces terribles:
—¡Malvado! ¡Zampabollos! ¡Feo! ¡Impresentable! ¡Espantamoscas!
—¿Están discutiendo? —pregunta Fantasmín asustado.
—¡No te asustes, hombre! —replica Fantasmina—. ¡Están pasando
lista!

—¡Mira! —dice un fantasma a otro—. ¡Ahí delante va un reloj!
—Sí, es mío. Es que a veces se me adelanta.

—¡Mami, mami! He vencido el miedo a los fantasmas. ¡Ya no me asustan!
—¡Muy bien, hijo! ¡Ese es el espíritu! ¡Ese es el espíritu!
—¡Aaaaaahhhh… Nooooo… Mamaaaaaá…! ¿Dónde está el espíritu? ¿Dónde está el espíritu?

Va una momia dando manotazos al aire y una amiga le pregunta:
—¿Se puede saber qué haces?
—Estoy cazando mortichelos flipantes.
—¡No me digas! ¿Y cómo son?
—¡Pues no lo sé, porque todavía no he cazado ninguno!

133

Una momia le dice a su amiga:
—Acaban de descubrir el jeroglífico más antiguo de Egipto.
—¡Bah! ¡Pero es tan antiguo que seguro que ya no enfría!

Va un cazador por el bosque y se encuentra al Lobo Feroz quejándose de un fuerte dolor de tripa.
—Pero ¿se puede saber qué te pasa, Lobo Feroz?
—¡Qué me va a pasar, hombre! ¡Qué me va a pasar! ¡Que me he comido una Caperucita verde!

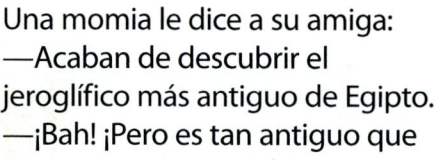

—Cada vez que en el trabajo alguien habla a mis espaldas, me da un susto de muerte.
—¿Trabajas en una biblioteca?
—¡No, no! ¡Trabajo de noche en un cementerio!

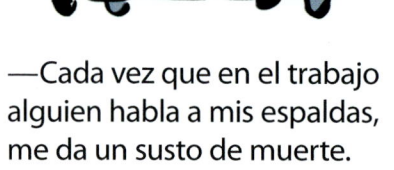

El Hombre Lobo va al médico y
le dice:
—Doctor, no puedo dormir por
la noche.
—¡Cuente ovejas, don Licántropo!
—Ya lo he intentado, pero no
funciona porque según las voy
contando me las voy comiendo.

Va una alumna a la biblioteca
del cole y le dice al bibliotecario:
—Quiero un libro de miedo,
terrorífico, que produzca
escalofríos nada más verlo.
—¡Quieta! ¡No te muevas!
¡No te asustes! ¡Está justo
en la estantería detrás de ti!

Un tomatito y una tomatita
cruzan la carretera y un coche
atropella a la tomatita. El tomatito
se acerca a ella y le pregunta:
—¿Qué te han hecho tomatita?
¿Qué te han hecho?
—¡Kétchup, tomatito! ¡Kétchup!

Existen varios tipos de cazafantasmas. ¿Cuál de ellos eres tú?:

El miedoso: ve una oscura y terrorífica caverna sin salida y se queda paralizado del susto.

El observador: ve dos lucecitas al final de la caverna y dice: «¡Alerta! ¡Algo se acerca!».

El valiente: observa sin inmutarse dos terribles ojos brillantes que se aproximan desde el fondo de la gruta y dice: «¡A por él! ¡Atrapemos al monstruo!».

El maquinista: ve a tres tontos caminando por las vías del tren y les grita: «¡Apartaos… que voyyyyyy con el treeeeennn…! ¡Piiiiiiiiiiii, piiiiiiiiiii!».

Fantasmagorías para que te rías

Era un zombi tan feo, tan feo, tan feo que cuando entraba a robar en un banco desconectaban las cámaras de vigilancia para que no se estropearan.

¿Qué les pasa a los vampiros alérgicos al mango?
Que no saben por dónde coger las sartenes.

¿Cuál es el árbol más valiente?
 La palmera, porque duerme con el coco.

¿Por qué Drácula no puede poner un detector de monstruos en su casa?
Porque no para de pitar.

¿Qué es blanco, terrorífico, solitario y sube y baja?
Un fantasma metido en un ascensor.

¿Por qué los zombis hicieron un campo de futbol de 50 km de largo?
Porque querían jugar contra el resto del mundo.

¿Hay algún ser misteriosamente fantasmal capaz de hablar todos los idiomas?
Por supuesto: el eco.

Era un vampiro que tenía tan mala suerte, tan mala suerte que fue al dentista, le quitó los colmillos y se quedó en el paro.

Era un invierno tan frío, tan frío que el Yeti suplicaba a la gente que le dejara entrar en casa.

¿Qué le dijo un esqueleto a otro?
Ayer creí que me había roto el peroné, pero no.

Vampirina, dime algo que te salga del corazón.
Sangre, Draculín, sangre.

¿Cómo se llama el vampiro vegetariano?
El conde Rúcula.

¿Qué le dijo un zombi a otro zombi después de llegar del gimnasio?
Me voy a la cama, que estoy muerto.

¿Por qué a los zombis les gustan tanto los humoristas?
Porque se mueren de risa con ellos.

Era un juez tan educado, tan educado que a los ladrones zombis en vez de llamarlos chorizos, los llamaba embutidos.

¿Qué dice el faraón cuando escucha a cien momias tosiendo?
106, 106, 106, 106… (cien toséis).

¿En qué se diferencian un carrusel infantil y un zombi?
En que el carrusel es un tiovivo y el zombi es un tío muerto.

Era un zombi tan tonto, tan tonto que se ahogó en el campo de fútbol cuando hicieron la ola.

¿Por qué los zombis no tienen novia?
Porque zombien feos.

¿Cómo puedes reconocer a un alumno zombi?
Porque es el único que falta a clase todo el curso y solo va en verano.

¿Cuál es el desayuno preferido de los vampiros?
Avena.

¿Cómo se llama el esqueleto que nunca te pilla cuando te persigue?
Esquelento.

¿Cómo se llama el esqueleto que siempre te gana jugando al ajedrez?
Esquelisto.

Son las doce de la noche: la hora de los monstruos. ¿Sabes qué hacen a esa hora los relojes de las panaderías?
¡Paaaannn… paaaann… paaaann…!

¿Qué le dice el GPS a un zombi al pasar junto al cementerio?
¡Ha llegado a su destino!

¿Qué pone en la lápida de un zombi al anochecer?
«He salido, vuelvo en un par de horas».

Era un zombi tan aficionado, tan aficionado a los videojuegos que en su tumba en vez de poner: «Descanse en Paz», ponía: «Game Over».

¿Por qué a los zombis les gustan tanto los videojuegos?
Porque consiguen vidas.

¿Sabes cómo son los zombis cuando se hacen muy muy mayores?
Zombie-jecitos.

¿De qué raza es el caballo del conde Drácula?
Es un pura sangre.

¿Qué hace Drácula montado en un tractor?
Sembrar el pánico por donde va.

¿Qué es un fantasma en chándal?
Un espíritu deportivo.

SALA 6: ¿MOLA O NO MOLA? Y, SI MOLA, ¿CUÁNTO MOLA?

¡PUAG!   ¡AAAGGGH!   ¡JO-JO-JO!   ¡JUA-JUA-JUA!   ¡YU-JU-JUUUU!

ZOO-COCO-LÓGICOS

Te presento a **Kang Kung, el gorilo chistoso** que te guiará por este recorrido zoocómico. Nuestras mascotas saben contar chistes cuando quieren. Lo que ocurre es que nunca quieren. Jaimita, Jaimito y sus compis te harán reír a mandíbula batiente con un pío, pío; un miau, guau; o con cualquier burrada chistofláutica de nuestra divertida fauna cómico terráquea. ¡Muuuuuucha diversión asegurada!

Dos gallinas están hablando:
—¡Creo que tengo fiebre! —dice una.
—¿Cómo lo sabes? —pregunta la otra.
—¡Porque he puesto un huevo cocido!

Entran dos pollitos a una
pastelería y dice uno de ellos:
—¡Pío, pío!
Y el otro le responde:
—¡Píe, píe lo que quieras que
invito yo!

—Manolito, ¡te he dicho mil veces
que no les des chocolate a
las gallinas!
—¡Jo, mami, es que quiero que
pongan huevos de Pascua!

Jaimita le dice a Manolito:
—Fíjate, tiro esta pelota lejos y mi perro va a por ella. Me la trae y le premio con una golosina.
—¡Jo, qué listo!
—¿Quieres hacerlo tú, Manolito?
—Vale, Jaimita, pero no me tires la pelota muy lejos.

Una oveja le pregunta a otra:
—Lucera, ¿sabes dónde está el re-baño?
—¿Por qué quieres saber dónde está el re-baño, Lucera?
—Ay, chica, porque me re-meo.

Manolito y Jaimito hablan de
sus gustos.
—Pues a mí no me gusta el atún
—dice Jaimito.
—¿Nada?
—Pues claro que nada, Manolito,
¿no ves que es un pez?

Jaimito llama a los bomberos:
—¡Bomberos, bomberos!
¡Esto está lleno de llamas!
—¡No hay tiempo que perder,
Jaimito! ¡Dinos dónde estás!
—¡En el zoológico,
en el zoológico!

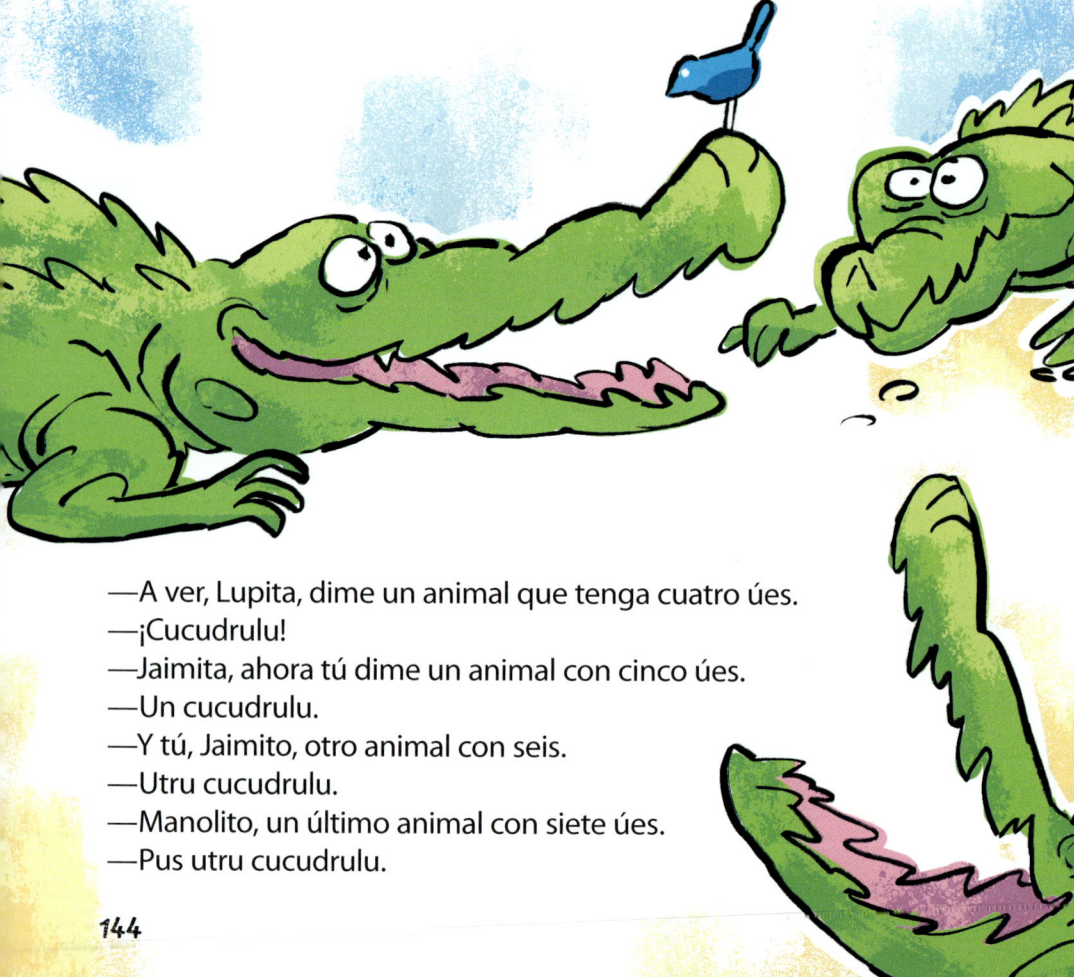

—A ver, Lupita, dime un animal que tenga cuatro úes.
—¡Cucudrulu!
—Jaimita, ahora tú dime un animal con cinco úes.
—Un cucudrulu.
—Y tú, Jaimito, otro animal con seis.
—Utru cucudrulu.
—Manolito, un último animal con siete úes.
—Pus utru cucudrulu.

—Repite este trabalenguas, Jaimito: «Tres tristes tigres comen trigo en un trigal».
—No, profe, es que me dan pena estos tigres. Están tristes porque los pobres no comen trigo. ¡Son carnívoros!

Un ciempiés estaba poniéndose los zapatos:
—1, 2, 3, 4… 98, 99… y… ¡Oh, no! ¡He olvidado ponerme los calcetines!

145

—¿Qué animal es ese que llevas ahí?
—Es un perro policía.
—¡Jo, pues no parece un perro!
—Ya, es que es de la policía secreta.

—¡Le tengo que poner una multa por llevar a su perro en el coche sin cinturón de seguridad!
—¡Pero, agente, si es un peluche!
—¡Da igual un peluche que un caniche! ¡Sea de la raza que sea, son 200 euros de multa!

Jaimita le dice a Manolito:
—Mi gato sabe decir su nombre
—¡No me digas! ¿Cómo se llama?
—¡Miau!

—Papi, papi —dice Manolito a su padre—, me gustaría tener una mascota.

—Ni hablar, Manolito; ya tuviste piojos el mes pasado y los mataste a todos.

—A ver, Juanita, ¿Cómo se llaman esas bolitas que comen las mascotas?

—Pienso.

—Vale, piénsalo y cuando lo sepas me lo dices.

Estaba una hormiga en el cine viendo una película y llega un elefante y se sienta delante de ella. La hormiguita, indignada porque no puede ver nada, se levanta, se sienta delante del elefante y le dice:

—¡Para que veas cómo molesta! ¡Ahora te fastidias y te quedas sin ver la película!

—Vamos a ver, Lupita. ¿Cuánto mide una pulga?
—Una pulgada.
—¿Y un burro?
—Pues una burrada, profe.

—Jaimito, ¿has cambiado ya el agua de la pecera?
—No hace falta, mami, los peces aún no se han bebido la que les puse ayer.

—Profe, ¿por qué los peces son mudos?
—¡Intenta hablar tú con la boca llena de agua y lo sabrás!

—Tengo una hija que tiene
dos años y pico.
—¿Te has fijado bien? ¡A ver si lo
que tienes es una gallina!

—Lupita, ¿cómo se llama
tu perro?
—Todavía no lo sé, porque no
quiere decírmelo.

Un gatito le dice a una gatita:
—¡Eres la ilusión de mi vida!
—Pues dime a ver de qué vida
—le responde ella—, porque
tienes siete.

—Juanita, ¿qué es una leona?
—¡Un mamífero!
—¡Buena respuesta! ¿Y un león?
—Pues un papífero.

—¡Buah! Había una pulga muerta
en mi cama y no he pegado ojo en
toda la noche.
—¡Qué tontería! ¡Si estaba
muerta, no podía picarte!
—¡Ya, pero es que toda su familia
vino al entierro!

—Todos los días, antes de comer,
mi perro me coge el móvil y se
pone a jugar con las aplicaciones.
—¡Ese perro es una joya!
¡Menuda inteligencia!
—¡Bah! ¡No te creas que es tan
inteligente! ¡A mi gato le costó
más de un mes enseñarle hasta
que aprendió!

—¡Qué perro más guay! ¿Cuántos años tiene?
—Tiene tres años y pico.
—¡Hala! ¡Y tiene pico! ¡Es un perro pájaro!

Una mosca y su hija están comiendo en el estiércol.
La mosquita le dice a su madre:
—Mami, ¿quieres que te cuente un chiste?
—Sí, hijita, pero que no sea un chiste guarrete, porque estamos comiendo.

—Mi perro tiene una nariz de primera. En vacaciones lo perdí y logró encontrarme a 20 kilómetros de distancia, guiándose solo por el olfato. ¿Qué me dices?, ¿eh?
—Lo que vengo diciéndote hace tiempo. ¡Que te duches más a menudo, hombre! ¡Que te duches más a menudo!

Juegan un partido de fútbol animales terrestres contra animales marinos. Han empatado. Hay que decidir a penaltis quién será el ganador.

El pulpo, con sus ocho brazos es el portero marino.

El Rodaballo, el capitán del equipo, le dice enfadado al pulpo.

—¿Cómo es posible que con tus ocho brazos te hayas dejado marcar diez golazos?

—¡Jo, Roda! —replica el pulpo—. ¡Es que el que lanzaba los penaltis era el ciempiés!

Un pastor camina con su perro cuando, de pronto, se le acerca una vaca por detrás y le dice:

—¡Muuuuuy bueeeenas taaaardeeees paaaassstoooorrr…!

El hombre y el perro echan a correr aterrorizados. Cuando por fin se detienen, el perro le dice:

—¡Guau, jefe, menudo susto nos ha dado la vaca!

—Jaimita, tienes un gato que parece un perro.

—¡Es un perro, Manolito! ¡Un perro!

—¡Ah, caramba! ¡Pues parece un gato!

Va un tiburón en busca de comida y se encuentra con un submarino.

—¡Oh, no! ¡Qué rabia! —exclama el escualo—. ¡Otra vez humanos en lata!

La policía recibe una llamada urgente:

—¡Policía, policía! ¡Estoy viendo un lobo!

—¡Pues llame al zoo o a la protectora de animales, hombre!

—¡No, nooo! ¡Socooooloooo…! ¡Que están lobando un banco!

Manolito le pregunta al socorrista:

—¿Hay medusas en esta playa?

—Ni una sola. Puede bañarse sin miedo. ¡Los tiburones se las han comido todas!

Un turista visita Australia.

—Ese animal es un koala

—le explica la guía.

—¡Bah! ¡Muy pequeño! En mi país hay koalas más grandes que una vaca.

—Fíjese —continúa la guía—, aquel otro es un avestruz.

—¡Bah! ¡Eso no es nada! En mi país tenemos avestruces como una casa de tres pisos.

En ese momento pasan saltando media docena de canguros y el turista pregunta:

—¿Qué animales son esos?

—¡Bah! —responde la guía—. ¡No son más que unos pequeños saltamontes!

—¡Alto! —dice el policía a una conductora que llevaba una cabra en el coche—. No se pueden llevar cabras en el coche. ¡Haga el favor de llevarla al zoológico! Al atardecer, el policía vuelve a detener el coche de la misma señora.

—¡Señora! ¡Le dije que llevara la cabra al zoológico!

—Del zoológico venimos y le ha gustado. ¡Ahora la llevo al cine!

Juanita le dice a Manolito:

—Dicen que los elefantes tienen muy buena memoria, pero es mentira.

—¿Por qué dices eso?

—Porque ayer estuve en el zoológico, fui a ver al mismo elefante del mes pasado y pasó de mí.

¡No me reconoció!

—Cuénteme qué le ocurre —le dice el médico a un paciente.

—Mire, doctor, estoy hecho un toro, tengo una vista de águila y duermo como una marmota, pero ronco como un león, trasnocho como un búho y hablo como una cotorra. Es verdad que soy un poco ganso y más terco que una mula, pero los domingos me aburro como una ostra…

—No siga, no siga… Lo que usted necesita es que lo vea un veterinario.

Lupita camina con su gatito en brazos. Una señora se le acerca y, antes de acariciar al minino, pregunta a la niña:

—¿Araña?

—No, señora —responde Lupita—. ¡Gato! ¡Es un gato!

Noche de luna llena en el bosque. El Hombre Lobo y su pequeño retoño se sientan en una roca.

—¡Aaauuuuuuuu…, papito! —aúlla el lobito mirando a la luna—. ¿Tú crees que la luna está habitaaaadaaaaa?

—¡Auuuuuu…! ¡Sí, hijiiiitoooo!

—¿Y cóóóómo lo saaaabeeees?

—¡Porque tienen la luz encendidaaaaaaauuuuuuu!

Minimonadas para reír a carcaja-ja-jadas

¿Qué le dijo una mona a un monito?
¡Que tengas un monito día!

¿Qué le dijo una vaca enfadada a otra?
¡Vete al cuerno!

Dos vacas están pastando. Una es blanca y negra y la otra es marrón. ¿Cuál de ellas es el macho?
¡Ninguna! ¡El macho de las vacas es el toro!

¿Cómo se llama la tía del atún?
La-tita de atún.

¿Qué le dijo una hormiga a otra al pasar cerca de una obra?
¡Cuidado con el hormigón!

¿Por qué los dromedarios solo tienen una joroba?
Porque si tuvieran dos, serían camellos.

¿Qué hace una vaca encima de un caballo?
Va-cabalgando.

¿Por qué el león es grande, amarillo y melenudo?
Porque si fuese pequeño, verde y calvo, sería una rana.

¿Qué hacen los peces cuando ven una estrella de mar?
Pedir un deseo.

¿Por qué los peces no navegan por internet?
Porque no les gustan las redes.

¿Sabes por qué no nos habla la cebra?
¡Porque está rayada!

¿Por qué los patos dicen «cua, cua»?
Porque si dijeran «pío, pío», serían pollitos.

¿Por qué el oso no deja de mirar al cielo por la noche?
¡Porque se ha enamorado de la Osa Mayor!

¿Cómo llama un caballo a su hija?
¡Hiiiiiiijaaaaaaa…!

¿Por qué los elefantes no pueden hacer pipí?
Porque no tienen claxon.

¿Qué hace un elefante en un tejado?
Romper tejas.

Un tigre es un felino, dos tigres son dos felinos… ¿Qué son tres tigres?
Un trabalenguas.

¿Sabes quiénes hace uuuuuuuum cuando tienen hambre?
Las vacas caminando hacia atrás.

¿Por qué los elefantes tienen trompa?
Porque les sale de las narices.

¿Sabes dónde viven los ñus?
¡En Ñu York!

¿Qué hace noventa y nueve tac, noventa y nueve tac, noventa y nueve tac…, y una vez toc?
Un ciempiés con una pata de palo.

¿Qué debes hacer si te persiguieran un león, un elefante, un coche de policía y un coche de bomberos?
¡Bajarte del tiovivo!

¿Cómo se besan los erizos?
Con muchísimo cuidado.

¿Por qué los peces no tienen uñas?
Porque entonces serían pez-uñas.

¿Cuál es el colmo del Ratoncito Pérez?
Ir al dentista porque ha perdido todos los dientes.

Era una calle tan ancha, tan ancha que en vez de pasos de cebra, tenía pasos de elefante.

¿Cuál es el oso que cuenta más chistes?
El chist-oso.

¿Qué le dice un perro arrepentido a otro?
¡Perróname!

¿Qué es un moño?
Un animal al que le encantan las bañañas.

¿Qué le dice la gallina al huevo?
No salgas, que te cascan.

¿Qué le dice una morsa a otra morsa?
¿Almorsamos?

¿Qué le dice un pingüino a una pingüina?
¡Te quiero como a ningüina!

¿Sabes por qué los gorilas tienen los agujeros de la nariz tan grandes?
¡Porque tienen unos dedos gordísimos!

Era un pollito tan vago, tan vago que en vez de decir pío, pío, pío, pío, pío…, decía: pío, etcétera.

¿Por qué la jirafa tiene las patas tan largas?
Porque si las tuviera más cortas, no llegarían hasta el suelo.

¿Cuál es el colmo de un loro?
Tener una hija repetidora.

¿Qué es un cucurucho?
El novio de la cucaracha.

¿Qué animal de color gris es capaz de pegar saltos terribles cada quince segundos?
Un hipopótamo con hipo.

¿Cuál es la diferencia entre un pingüino y una serpentina?
El pingüino tirita de frío y la serpentina es una tirita de papel.

¿Qué debes hacer si un elefante se sienta en tu sillón?
¡Ya puedes ir comprándote un sillón nuevo!

Era una niña tan lenta, tan lenta que cuando se montaba en un tiovivo todos los caballitos la adelantaban.

SALA 7: ¿MOLA O NO MOLA? Y, SI MOLA, ¿CUÁNTO MOLA?

¡ZZZZZZZZ...!   ¡GLU-GLU!   ¿CUÁ-CUÁ?   ¡YI-HI-HIIIIII...!   ¡GUAUUUU!

JA-JA-JAIMITADAS

Recorre con **Jaimita** la última galería de nuestro genial Museo chistográfico. Jaimita, Jaimito y su divertida pandilla son los protagonistas de las anécdotas más hilarantes de nuestro planeta. Ellos son los auténticos supergenios del buen humor, capaces de hacer mondarse de risa al alienígena más pavisoso. Sonríe, ríe y carcajea con los peques más divertidos del chiste que echisten y echistirán.

Jaimito llama a la policía:

—¡Mi amigo se ha perdido! ¡Mi amigo se ha perdido!

—¿Cómo se llama tu amigo?

—¡Julio! ¡Se llama Julio!

—Tranquilo, Jaimito. ¡Hemos encontrado a Julio! ¡Estaba entre junio y agosto!

—¿Tu perro sabe jugar al ajedrez? —pregunta Jaimito a Manolito.

—¡Claro que sabe! Pero no es muy bueno.

—¿Pierde todas las partidas?

—No, de cada cinco partidas le gano tres.

Jaimito y Jaimita presumen de conocimientos:

—¿A que no sabías que en el mundo hay cada vez más estornudos? Lo dice un estudio de la Universidad de Másachuses.

—¿Y a que tú no sabías que ha aumentado el consumo de golosinas? Lo dice un estudio de la Universidad de Mascachuches.

Jaimita le dice a Manolito:
—Este año he avanzado en el cole el doble que el año pasado.
—¿Cuánto avanzaste el año anterior?
—Nada.
—¿Y este año?
—El doble, ¡nada de nada!

Al salir del cole, Jaimita va a comprarse un bocata:
—¿Cuánto cuesta un bocadillo de calamares?
—Si lo tomas sentada siete euros, y si lo tomas de pie, cinco euros.
—¿Y cuánto cuesta si lo tomo a la pata coja?

—¡Arre, Lucero! ¡Vamos! ¡A galopar! ¡Hay que adelantar a ese caballo blanco antes de llegar a la meta! ¡La carrera es nuestra!
—¡Pero, papá, por favor! —grita Jaimita—. ¡Que son los caballitos de la feria! ¡Bájate ya del tiovivo!

De camino al cole, Jaimito le dice a Jaimita:
—¡Menuda faena! ¡Van a subir el metro!
—¡Pues a mí me parece una buena noticia! —replica Jaimita—. ¡Ya no tendremos que bajar tantas escaleras!

Jaimito está estudiando en su casa la lección de Ciencias Naturales.
Se acerca su madre y le dice:
—Hijo, ¿tú sabes que los polos se están derritiendo?
—Sí, mami, es por el calentamiento global.
—¡No, hijo mío, no! ¡Es porque te has dejado abierta la puerta del congelador!

Al salir del oculista, Jaimita
le pregunta a su padre:
—Papi, ¿me van aponer lentillas?
—No, Jaimita. Te van a poner
rapidillas para que no llegues
tarde a la escuela.

—¿Qué te ocurre, pequeño? —le
pregunta el doctor a Manolito.
—Que estoy medio sordo.
—A ver, repite lo que digo:
cincuenta, cin-cuen-ta.
—¡Veinticinco! ¡Vein-ti-cin-co!

Jaimito le dice a Lupita:
—Mi padre trabaja en una pizzería.
—¡Pues me das una alegría!
—¿Una alegría grande, pequeña o mediana?

Jaimito se ríe a carcajada limpia mientras lee:
—Unaenda wapi mapema sana?
Kula sandwich ya ham
sandwich ya calamari ni tastier…
—Pero, Jaimito, ¿estás tonto? —exclama Jaimita—. ¿Se puede saber
qué haces leyendo y riéndote con ese chiste como si supieras suajili?

—De qué es tu bocata —pregunta Jaimito a Manolito.
—De texturas efímeras de tubérculo ancestral sobre susurro
de pimientos en reducción de aliño campero con pan de queso
y tomillo —dice Manolito—. ¿Y el tuyo?
—El mío es de salchichón con pan de pueblo.
—¡Guau! —exclama Manolito—. ¡Te lo cambio!

El padre de Jaimita estaba quitándole los piojos a su hija:
—Hija, ¡qué difíciles de eliminar son estos piojos! ¡Parecen inteligentes y todo!
—¡Cómo no van a ser inteligentes, papi! ¡Todos los días vienen a la escuela conmigo!

—Manolito, ¿qué vas a ser de mayor? —pregunta la profesora.
—¡Carnicero, profe!
—Y eso, ¿por qué?
—Porque en el cole he aprendido a hacer chuletas.

—Jaimita, ¿qué ocurriría si no tuviéramos orejas?
—Que yo no vería ni jota.
—¿Que no verías? ¿Por qué?
—Porque no podría sujetarme las gafas.

El profe ha mandado de deberes para casa un problema de matemáticas. Los alumnos salen de clase y se van al comedor escolar. La encargada del comedor les dice:

—Mirad, en esta mesa caben diez niños sin problema.

—¡Chicos! —exclama Jaimito—. ¡Esa mesa no es para nosotros!

—Jaimito, ¿cuántos años tienes?

—Diez años.

—Pero si el curso pasado también me dijiste que tenías diez años.

—Ya, pero es que he perdido un año. ¡Estoy repitiendo curso!

Va un hombre en bicicleta y se detiene ante una gran charca. Al ver llegar a Jaimita con un pato en brazos, le pregunta:

—¿Es muy honda la charca?

—No, es una simple charquita.

El hombre, confiado, avanza con la bici y se hunde en el agua.

—¿Por qué me has dicho que no era honda? —grita el hombre enfadado.

—¡Qué raro! ¡A mi patito el agua solo le llega al pecho!

Jaimito está en el despacho del director del colegio.

—Jaimito —le dice el director—, tienes que dejar de jugar al fútbol.

—¿Y eso por qué?

—¡Porque has roto de un balonazo la lámpara del despacho y ahora acabas de darme un balonazo a mí! ¡Así que haz el favor de estarte quieto de una vez!

La profesora recibe a una nueva alumna.

—¿Cómo te llamas?

—Gema González García.

—Ahora dime solo las iniciales de tu nombre completo.

—GGG

—¿De qué te ríes? ¿De qué te ríes?

—Jaimito, ¿qué tal vas en
el colegio?
—Bien. Apruebo casi todas
las evaluaciones: casi apruebo
la primera, casi apruebo la
segunda, casi apruebo
la tercera, casi apruebo la cuarta…

—A ver, Jaimita: si divido
una tarta en cien trocitos y te doy
un trocito a ti, ¿qué nombre tiene
esta operación?
—¡Tacañería, profe! ¡Eso es
una pequeña gran tacañería!

—Jaimita, has estado muy bien
en esta evaluación.
—¿Qué le digo a mi madre cuando me pregunte qué nota
he sacado?
—Dile que notable alto.
—¡Jo, profe, es que si mi madre
no *mabla* alto, no voy a entender
lo que me diga!

Un hombre vendía piruletas
a la entrada del museo:
—¡Piruletas y piruletitas! ¡Piruletas
y piruletitas!
—¿Cuánto cuestan dos piruletas?
—le pregunta Jaimita.
—Dos euros.
—¿Y dos piruletitas?
—¡Dos euritos!

—Jaimita, para mañana debes
hacer una redacción de dos
páginas titulada El mosquito.
Al día siguiente, la maestra le dice
a la niña:
—A ver, Jaimita, tu redacción.
—El mosquito es un insecto que
pica, pica, pica, pica, pica, pica,
pica, pica, pica, pica, pica, pica…

Manolito le dice a Jaimito:
—¡Cuidado, Jaimito! ¡Alguien
te está siguiendo!
—¡Es mi sombra, Manolito!
—¡Jo, qué susto! ¡Haz el favor
de decirle que no se te acerque
tanto!

—Mami —dice Jaimita—.
Se me han acabado los folios.
—¡Pues baja a la pastelería!
—¿A la pastelería? ¿Para qué?
—Para comprar un milhojas.

—Papi, papi, ¿qué significa pacer?
—pregunta Jaimita.
—Lo entenderás con unos
ejemplos: harina pacer pan,
garbanzos pacer cocido,
cuadernos pacer los deberes…
—Pero, papi, ¿«pacer» no es algo
que hacen las vacas?
—Sí, hija, sí: pacer leche, pacer
leche…

—Jaimito, ¡haz el favor
de ordenar tu dormitorio!
—¿Por qué, mami?
—¡Porque te lo ordeno yo!
—Aclárate, mami, ¿lo ordenas
tú o lo ordeno yo?

—Mi padre es ilusionista —dice Jaimita.
—¿Es mago?
—No, pero cuando voy a llevar las notas a casa siempre se hace ilusiones.

—¿Te ayudo en la cocina? —pregunta Jaimito a su padre.
—Sí, muy bien. Mira, como siempre dices que quieres ser dentista, puedes pelar unos cuantos dientes de ajo.

Jaimito quiere ser cocinero y ha comenzado un curso de cocina.
—A ver, superchef, ¿cómo te ha ido en tu primer día de aprendiz de cocinero? —le pregunta su madre.
—¡Se me ha quemado la ensalada, mami!

—Jaimita, hoy es tu cumpleaños. Así que para celebrarlo compraremos una tarta con diez velas. ¿Qué te parece?
—Que sería mejor comprar diez tartas con una vela.

Jaimita le dice a Lupita:
—¡Se me ha roto la videoconsola!
—¡Jo, lo siento, Jaimita! ¡Estarás enfadada!
—No, estoy desconsolada.

La profe habla con la madre de Jaimita.
—¿Sabe qué me responde Jaimita cada vez que le hago una pregunta en clase?
—¡No tengo ni idea!
—¡Ha acertado usted! ¡Eso es exactamente lo que me responde!

175

En clase, Jaimito busca por el suelo:

—¡Mi pelotita! ¡He perdido mi pelotita!

—Tranquilo, Jaimito. Te ayudaremos a encontrarla.

Toda la clase ayuda a Jaimito a buscar su pelotita.

—¡Lo siento, Jaimito! —dice el profesor al cabo de un rato—. ¡No aparece!

—¡No importa! —responde Jaimito metiéndose el dedo en la nariz. ¡Voy a hacerme otra!

—Jaimita, ¿se puede saber qué estás haciendo?

—Estoy jugando con la Play.

—¿Y los deberes?

—No, mami, los deberes no querían jugar.

—Jaimito, ¿cuánto es 9 x 3? —le pregunta la maestra.

—¡Siete!

—¡Muy mal! ¡Siete días castigado!

—¡Es tu turno, Manolito! ¿Cuánto es 3 x 5?

—Quince, profe.

—Muy bien, Manolito, ¡quince días de vacaciones!

Jaimito comienza a reírse a carcajadas y la profesora le pregunta:

—¿Por qué te ríes, Jaimito?

—¡Ja, ja, jaaaa…! ¡Porque Manolito ha perdido una buena oportunidad! ¡Si hubiera respondido 365, habría conseguido todo un año de vacaciones!

Jaimita dice en voz alta a su profesora:

—¡Profe, chillaaa…! ¡Profeee, chillaaaa…!

La profe, asustada comienza a gritar:

—¡Ay, ay, ayyyy! ¿Qué pasa? ¿Qué pasa?

—Nada, profe, no te *achustes*, digo que *nechesito* una chilla para *chentarme*.

El profesor de Jaimito saca un aguacate y dice a los alumnos:

—Hoy estudiaremos la rana.

—¡Profe! —exclama Jaimito—. ¡Que eso es un aguacate!

—¡Oh, no! Entonces, ¿qué me he comido en el desayuno?

Terminada la visita al museo, Jaimito monta en el ascensor para dirigirse a la salida. El ascensorista, vestido de uniforme, le pregunta:

—¿Bajas?

—¡Ninguna baja mi capitán! —replica marcialmente Jaimito—. ¡Solo estrepitosos ataques de carca-ja-ja-jadas! ¡Risión completada con éxito en el Museo!

Bocaditos jaimitados con sabor a ja-ja-ja-món

¿Cómo cortan el jamón en Japón?
Atakitos.

¿En qué se parecen los postes a los cuentos infantiles?
En que los postes son palos grandes, y los cuentos son pa los chicos.

Era un curso tan difícil, tan difícil que los alumnos ni siquiera eran capaces de encontrar la clase.

¿Cómo estornuda un mecánico?
¡Mitsubishi!

¿Cómo hace un mecánico cuando tiene hipo?
¡Jeep!

¿Cómo llama un mecánico a su hija?
¡Mercedes Benz!

¿Cómo se dice «chuches» en chino?
Golochinas.

¿Dónde estudian los niños de Bélgica?
En los coles de Bruselas.

¿Cómo estornudan los tomates?
Así: ¡kétchup!, ¡kétchup!, ¡kétchup!, ¡kétchup!

¿Cómo se dice «muelle» en chino?
¡Toing-toing!

¿Qué le dijo un poste a otro poste?
Póstate bien.

¿En qué se parecen Jaimito y un Ángel?
En que los dos están siempre en las nubes.

¿Por qué se ríe tanto Manolito?
Porque no para de imitar a Ja-Ja-Ja-Jaimito.

¿Qué le dijo un chino a un piano?
No tecleo.

Era una película tan mala, tan mala que en vez de tener efectos especiales, tenía defectos especiales.

Era un móvil tan barato, tan barato que en vez de tener «modo avión», tenía «modo autobús».

¿Cuál es el colmo del carpintero?
Hacer un armario con las tablas de multiplicar.

Era un coche tan malo, tan malo que en vez de tener matrícula, tenía suspenso.

Era un hombre tan ignorante, tan ignorante que compró una mesilla de noche y no sabía dónde ponerla de día.

¿En qué se parece la campanilla al papel higiénico?
En que la campanilla hace «tilín, tilín» y el papel higiénico «tilin-pia».

¿Cuál es el colmo de un charcutero?
Que le atraque un chorizo.

¿Qué le dijo la cuchara al plato de sopa?
¡Espera! ¡Me voy un momento, pero vuelvo enseguida!

¿Cuál es el colmo de un yudoca?
Olvidarse las llaves en casa.

¿Qué le dijo la carta al cartero?
¡Pero carta me tienes!

¿Cuál es el colmo de un pastelero?
Elaborar los milhojas con una fotocopiadora.

¿Qué le dice el lápiz al sacapuntas?
¡Vas a acabar conmigo!

¿Cómo le dieron las gracias al inventor del cero?
¡Gracias por nada!

¿Cuál es el colmo de un inventor despistado?
Inventar un submarino descapotable.

¿Qué le dijo la tabla de sumar a la tablita de restar?
Escucha cuando tabla tu mamá.

Era un hombre tan ignorante, tan ignorante que devolvió un dónut porque estaba agujereado.

¿Cuál es el colmo de un camión de bomberos?
Acercarse al mar para que salga la sirena.

¿En qué se parece un barquito al cucurucho de un helado?
En que los dos son barquillos.

¿Cuál es el colmo de una bicicleta?
En vez de tener radios, tener televisores.

¿Por qué tiembla la gelatina?
Porque tiene miedo de que te la comas.

¿Qué les ocurre a los meteorólogos que van buscando tormentas?
Que van tras tornados.

¿Qué le dijo una nalga a la otra?
¡No te pases de la raya!

Era una familia tan numerosa, tan numerosa que hacían los batidos de fruta en la lavadora.

Era una señora tan educada, tan educada que cada vez que se miraba en el espejo se saludaba.

¿En qué se parece un cine a un tren?
En que en el cine hay butacas y el tren hace «¡buuuu, taca, taca, taca!».

SALA 8: ¿MOLA O NO MOLA? Y, SI MOLA, ¿CUÁNTO MOLA?

¡ZASCA!   ¡NIFÚ-NIFÁ!   ¡MOLA!   ¡GUAY!   ¡JA-JA-JA-JA!

4. ¡GRACIAS POR TU RISITA! ¡ME GUSTA!

Querido visitante: terminada tu visita-risita a nuestro Museo Intergaláctico del Humor, agradecemos tus sonoras carcajadas con una pequeña muestra de cada una de nuestras desternillantes salas. No olvides regalarnos ocho sonoros «¡me gusta!» con tu «dedito arriba» y haz sonar el cencerro de tolón-tolonterías para recibir notificaciones cada vez que necesites de nuestros servicios guachicósmicos. ¡Gracias por tu risita!

SALA 1: ALIENÍ-JE-JE-JE-NAS   Tolón-tolonterías

—¡Los extraterrestres se han llevado a Frankenstein en un ovni! —exclama Drácula.
—No te preocupes —replica Vampirita—. Mañana lo traen de vuelta, porque no les sirve, venían buscando vida inteligente.

SALA 2: CAVERNÍCO-COLAS   Tolón-tolonterías

—Mi vida, estas muy gordo.
—¡Jo, Troglodina! ¿Por qué no me dices cosas más dulces?
—¡Porque te las comes, Troglodino, porque te las comes!

SALA 3: SUPERMANETES   Tolón-tolonterías

Supergirl está cerrando la persiana de un local. En un cartel se puede leer: «Se hacen llaves al momento». Llega Spiderman y le pregunta:
—¡Caramba, Supergirl! ¿Has montado una ferretería?
—No, hombre, no. ¡Una escuela de yudo!

SALA 4: MAGICOMI-CÓMICOS   Tolón-tolonterías

Llega una bruja a un circo en busca de trabajo y dice:
—Buenas, busco trabajo como ventrílocua.
—¿Y dónde está el muñeco?
—Enseguida viene. Está fuera aparcando la escoba.

SALA 5: FRANKI-JOKEMALOTE  Tolón-tolonterías

—¡Abra la boca para que pueda sacarle la muela!
—dice el dentista a Franki.
—¡Uuuuuaaaaggggghhh…!
—¡Bueno, bueno, pero no la abra tanto que yo me quedo fuera!

SALA 6: MONSTRUITOS   Tolón-tolonterías

—¿A dónde vas? —pregunta un zombi a otro.
—Al cine…
—¿Al cine?
—Sí, sí, al *cinementerio*.

SALA 7: ZOO-COCO-LÓGICOS   Tolón-tolonterías

Un mosquito le dice a una mosquita:
—Has adelgazado mucho. ¿Qué te ha pasado?
—Nada. Es que he dejado de picar entre horas.

SALA 8: JA-JA-JAIMITADAS   Tolón-tolonterías

—¡Jaimita, el último mes del curso no has venido a clase
ni un solo día!
—¡Es que ha sido el santo de mi padre!
—¿Todo el mes celebrando el santo de tu padre?
—Sí, es que mi padre se llama Julio.

5. ¿CÓMO SALIR DEL MUSEO?

El museo está cerrado. Es de noche y da un poco de canguis permanecer dentro. Por cuestiones de seguridad, antes de salir debes completar el siguiente chachicuestionario. De ese modo, podrás conseguir la Chistera Magicósmica del Humor, el Diplomadocus Interplanetario del Chiste Intergaláctico y la Superllave Enigmatimágica, con la que podrás salir y entrar del museo veinticuatro/siete horas por semana, es decir, ¡cuando te dé la gana!

- Aquí tienes la partitura de la sintonía del Museo del Humor: ¡apréndetela!

(Pan…   rata,   pan… piiiiiiiiii, pa… rata,   pan, pan, pan).

- Para dar con la salida, debes conocer bien el museo: Tiene 7 pisos. A cada piso lo llamamos con uno de los nombres de la semana: lunes, martes, miércoles, jueves, viernes, sábado y domingo. ¿Cómo llamamos al ascensor?
(Como se llama a cualquier ascensor: ¡apretando un botón!).

- ¡Nos han cerrado todas las salidas! —exclama Jaimita—. ¿Sabes por dónde podremos salir?
(¡Por la entrada, Jaimita! ¡Por la entrada!).

- En toda visita siempre hay algún despistado. El museo está cerrado, pero un trol atolondrado se ha quedado atrapado en su interior durante la noche. Al amanecer, llaman a la puerta. Un amable colega le lleva un irresistible desayuno: cincuenta yogures, veinticinco cajas de galletitas de dinosaurio, seis botellas de zumo y diez tarros de mermelada. Si tú fueras el trol, ¿qué deberías abrir primero?
(Si de verdad quieres disfrutar de ese pantagruélico desayuno, ya puedes abrir en primer lugar la puerta del museo porque, si no, te quedarás con las ganas. ¡Buen provecho!).

- Por cierto, Cork el alienígena te lanza la siguiente pregunta: si tú eres tú, y yo soy yo, ¿quién más chistoso de los dos? (¡Cuidado con lo que respondes!).

- Y el reto final: solo si respondes NO a estas tres preguntas conseguirás la Superllave Enigmatimágica del museo. ¿Lograrás hacerte con ella?
  1. ¿Te ha resultado aburrido el museo?
  2. ¿Eres una persona aburrida?
  3. ¿Quieres que te entreguemos la llave para salir del museo? (Ni los alienígenas han dado con una solución. Y creo que tú tampoco ¿me equivoco?).

¡Je, je, je! Creo que con este último reto te hemos metido en un callejón sin salida. Pero después de lo que te hemos hecho pasar en este desternillante Museo Intergaláctico del Humor, te has merecido con creces nuestros más preciados galardones.

EL MUSEO INTERGALÁCTICO DEL CHISTE CÓSMICO

Concede a

....

1. La Chistera Magicósmica del Humor.
Para que el universo nunca deje de regalarte sonrisas magicómicas.

2. El Diplomadocus Interplanetario del Chiste Intergaláctico.
Por contribuir activamente al contagio universal de la alegría
y del buen humor.

3. La Superllave Enigmatimágica con la que podrás salir y entrar
en este desternillante museo cada vez que necesites unas risas,
cien sonrisas, mil risotadas o un millón de carca-ja-ja-jadas.
¡Tienes la diversión asegurada!